잘 팔리는 매장의 비밀

잘 팔리는 매장의 비밀

공간에 가치를 더하고, 경험을 설계하는
비주얼 머천다이징

목경숙 · 이동숙 · 송은아 · 문정원 · 이민영 지음

Visual Merchandising

지음미디어

추천사

'막눈이 봐도 애플 매장은 다르다'라는 말이 있다. 제품이 아닌 '경험'을 기반으로 설계된 그들의 공간은 오프라인 매장 운영의 패러다임 자체를 바꾸어 놓았다. 이 책은 왜 지금 시대의 비주얼 머천다이징이 단순한 진열이 아닌 데이터와 심리, 브랜드 철학까지 아우르는 과학적 전략이어야 하는지를 명확히 보여준다. 예쁘게 꾸미는 시대는 끝났다. 고객 경험을 설계하고 브랜드 가치를 공간 안에 녹여내는 일, 그 핵심을 이 책 한 권으로 누구나 통찰할 수 있을 것이다.

이승윤 | 디지털 문화 심리학자, 건국대 교수, 《공간은 경험이다》 저자

변화하는 쇼핑 문화 속에서 비주얼 머천다이징의 역할을 새롭게 정리해야 할 지금, 몸으로 익히며 감각을 키워온 다섯 명의 저자가 《잘 팔리는 매장의 비밀》을 통해 실전 전략을 전개한다. 창업자, 디자인 전공 학생, 그리고 현장 전문가까지 누구나 이해할 수 있는 기본부터 응용까지의 전략이 촘촘하게 담겼다. 책 속에 숨겨진 비주얼 머천다이징의 다섯 개 비밀 방을 따라 오감을 자극하는 여정을 경험해보길 권한다.

이재규 | 홍익대학교 산업미술대학원 공간디자인 교수

공간의 전략이 바뀌면 매장의 운명이 바뀐다. 잘 팔리는 매장을 만드는 VM의 본질과 해법을 담았다. 잘 팔리는 매장은 우연히 만들어지지 않는다. 브랜드 전략에서 공간 설계, 상품 진열 연출, 디지털 전략까지 매장의 모든 순간은 고객과의 커뮤니케이션이다. 그러나 현장과 상품을 모르는 전략은 현실을 움직이지 못한다.
이 책은 공간 설계와 비주얼 머천다이징 실전에서 쌓은 깊이 있는 경험으로 브랜드 전략부터

디지털 환경까지 고객이 마주하는 모든 접점에서 매출의 비밀을 풀어낸다. 공간과 시각을 아우르는 비주얼 머천다이징 기획자에게 필요한 통찰력과 실행력을 한 권에 담았다는 점에서 현장에서 고민하는 실무자와 새로운 관점을 찾는 전문가 모두에게 깊은 인사이트를 줄 것이라 확신한다. 전략과 실행을 연결해주는, 반드시 곁에 두고 펼쳐봐야 할 가이드다.

박지민 | 롯데마트 브랜드디자인부문 VMD팀 팀장

요즘 공간의 흐름은 변화를 넘어 혁명에 가깝다. 길을 걷다 보면 윈도를 통해 눈길을 사로잡는 디지털 디스플레이로 시작해 내부에서는 터치스크린을 사용해 제품 정보를 제공하는 등 그야말로 공간은 단순 디스플레이를 뛰어넘어 고객과의 커뮤니케이션 창구가 되고 있는 시대다.
이러한 공간의 혁신적인 변화들은 브랜드의 스토리텔링으로 이어지는 동시에 브랜드에 대한 충성도를 높이는 역할을 한다. 고객 유입은 물론 매출 상승으로 인해 핫플레이스로 자리 잡기도 한다. 그렇다면 이렇게 탄생된 성공한 매장들의 비결은 무엇일까?
이러한 궁금증은 《잘 팔리는 매장의 비밀》에서 찾을 수 있다. 이 책을 쓴 공동 저자들은 국내외 다양한 공간 프로젝트와 리테일 현장을 누비며 쌓아온 경험을 바탕으로 잘 팔릴 수밖에 없는 '상품 디스플레이 전략'과 '마법 같은 동선'을 만드는 솔루션, 그리고 미래 공간 구성에 대한 인사이트와 해법까지 모두 담았다. 이 책은 실무자뿐만 아니라, VM 관련 종사자라면 반드시 알아야 할 정보와 성공 꿀팁을 전해줄 것이다.

이정민 | 테넌트뉴스 부사장

창업자들과 함께하는 현장에서 가장 자주 듣는 질문 중 하나는 "공간을 어떻게 구성해야 할까요?"입니다. 메뉴, 콘셉트, 아이템까지는 준비했지만 막상 매장을 열려니 공간을 어떻게 설계하고, 고객 동선을 어떻게 유도해야 할지 막막해하는 분들이 많습니다.

이 책은 그 답을 꽤 현실적이고도 깊이 있게 짚어줍니다. 《잘 팔리는 매장의 비밀》은 창업자에게 매장을 어떻게 고객의 시선으로 설계하고, 어떻게 상품을 보여줄지, 어떻게 머물게 할지를 이야기합니다. 즉, 고객의 행동을 끌어내는 '팔리는 설계'에 대한 책입니다.

특히 반가운 점은 특정 업종에만 해당하는 이야기가 아니라는 것입니다. 식품부터 리빙, 뷰티, 편집숍, 프랜차이즈까지 다양한 매장 운영 경험을 바탕으로 한 풍부한 사례와 함께 누구나 적용 가능한 원칙들이 담겨 있습니다. 창업 초기의 작은 매장부터 리뉴얼을 고민하는 기존 점포까지 두루 참고할 수 있도록 구성되어 있어 실무자에게 꼭 필요한 안내서라고 느꼈습니다.

비주얼 머천다이징은 결국 고객과 브랜드가 만나는 방식입니다. 고객의 감각과 마음을 움직이는 공간은 결국 매출로 연결됩니다. 이 책은 그런 설계를 처음 시도하는 이들에게 실전에서 바로 적용 가능한 구조와 언어로 길을 제시합니다.

저는 창업가들에게 "좋은 상품보다 먼저 좋은 경험을 설계하라"고 말합니다. 그 첫걸음이 바로 공간입니다. 공간은 말이 없지만, 그 안에서 고객은 사고하고 느끼고 결정합니다. 그 여정을 설계하고 싶은 모든 분께 이 책을 자신 있게 권합니다.

손문규 | 강동구 청년해냄센터 센터장,
창업진흥원·서울창조경제혁신센터 심사위원 및 전담멘토

사람의 마음을 끄는 공간은 눈에 보이는 디자인만으로는 완성되지 않습니다. 브랜드의 생각이 머무르고, 고객의 감정이 움직이며, 자연스럽게 발걸음이 이어지는 흐름까지 설계되어야 비로소 공간은 제 역할을 하게 됩니다.

《잘 팔리는 매장의 비밀》은 바로 그 과정을 짚어주는 책입니다. 고객이 공간에서 무엇을 보고, 어떻게 느끼며, 어떤 행동을 하게 되는지를 기준으로 비주얼 머천다이징을 새롭게 설계합니다. AI 시대에 접어들며 정보는 더 많아졌지만, 오히려 '경험'의 밀도가 더 중요한 경쟁력이 되고 있습니다. 이 책은 지금 시대의 흐름에 맞는 공간 전략을 실무적인 언어로 풀어내며, 실제 매장에서 바로 써먹을 수 있는 구체적인 사례와 구조를 제시합니다.

특히 이론보다는 현장 경험을 중심에 두고 있다는 점이 인상 깊습니다. 다양한 업종의 실전 사례가 담겨 있어 공간 디자인을 공부하는 학생은 물론, 리브랜딩을 고민하는 디자이너와 기획자에게도 유용합니다. 장식적인 연출을 넘어 브랜드의 정체성과 메시지를 어떻게 공간 속에 녹여낼지 고민하고 있다면 꼭 읽어야 할 책입니다.

책장을 덮고 나면 '공간을 어떻게 보여줄까'가 아니라 '공간에서 무엇을 느끼게 할까'를 고민하게 됩니다. 공간을 통해 브랜드의 본질을 이야기하고 싶은 모든 이에게 이 책을 추천합니다.

정성은 | ㈜플러스 스페이스 대표, 전시 디자이너

Prologue

당신의 매장은 잘 팔리는 '흐름'을 갖추고 있는가

비주얼 머천다이징Visual Merchandising, 이하 VM을 업으로 삼은 지도 꽤 오랜 시간이 흘렀다. 처음엔 디스플레이 과목이 재미있고 흥미로워서 시작했다. 하지만 막상 현장에 발을 들이자 책에서 본 내용과는 많이 달랐다. 기본적인 지식이 도움이 되긴 했지만, 실제 작업은 책을 뛰어넘는 감각과 유연함을 요구했다. 이론보다 현장에서 더 많은 것을 배우고 영감을 얻으며, 하나씩 몸으로 익히며 일의 감각을 키워왔다.

실무를 시작한 지 10년쯤 지났을 무렵, 새롭게 출간된 VM 관련 서적들을 다시 펼쳐보았다. 놀랍게도 내용은 학생 시절 접했던 것과 크게 다르지 않았다. 좀 더 세분화되고 현장 중심적인 사례가 추가되기는 했지만, 여전히 패션 분야에 국한된 경우가 많았다. 또한, 국내 자료가 부족하다 보니 일본 번역서에 의존하는 경우가 많았고, 몇몇 책은 업계에서 교과서처럼 반복적으로 활용되곤 했다. 하지만 식품, 리빙, 라이프스타일 등 다양한 업종에 적용할 수 있는 VM 자료는 여전히 찾기 어려웠다. 전문가들의 활동이 주로 패션 분야에 집중되면서 관련 콘텐츠 역시 자연스럽게 제한될 수밖에 없었다.

2020년 이후 출간된 책들도 이러한 흐름은 크게 변하지 않았다. 사람들의 이동 방식과 취향이 바뀌고 새로운 소비 계층이 떠오르면서 업계는 빠르게 변화하고 있는데, VM 관련 자료는 여전히 패션 중심의 틀을 벗어나지 못하고 있다. 그러던 어느 날, 후배에게 이런 질문을 받았다. "선배님, 혹시 비주얼 머천다이징 책 추천해주실 수 있으세요? 요즘 나오는 책들은 예전 방식이거나 패션 쪽에만 치우쳐 있어서 실무에 큰 도움이 안 되더라고요. 다양한 업종에서도 참고하고 영감을 얻을 수 있는 책이 없을까요?"

이 질문은 곧 책을 쓰게 된 출발점이 되었다. 사단법인 한국비주얼머천다이징연구회의 다섯 명이 함께 고민하고 의견을 모았다. 누구나 쉽게 적용할 수 있고 다양한 업종에서도 인사이트를 얻을 수 있는 비주얼 머천다이징 내용을 직접 정리해보기로 했다. 그렇게 《잘 팔리는 매장의 비밀》이 시작되었다.

매장은 '상품을 파는 곳'일까, '사람을 머물게 하는 공간'일까.

길을 걷다 보면 유난히 눈에 띄는 가게들이 있다. 무심코 지나가는 사람의 발걸음을 붙잡고, 처음 보는 브랜드인데도 안으로 들어가 보고 싶게 만드는 매장들이다. 자세히 보면 그런 매장이 꼭 화려하거나 고급스럽기만 한 것은 아니다. 오히려 공간 전체가 자연스럽게 어우러져 머무는 순간조차 기분 좋게 느껴지는 곳들이다.

그렇다면 무엇이 그런 매장을 다르게 만드는 걸까?
상품은 이제 온라인에서도 얼마든지 구입할 수 있다. 하지만 매장은 고객이 오감을 통해 브랜드를 경험할 수 있는 유일한 물리적 공간이다. 그리고 그 안에 머문다는 것은 단순한 체류 이상의 의미를 지닌다. 고객이 그 공간에서 느끼는 감정은 브랜드와의 관계를 만들고, 기억으로 남는다. 오래 머물게 하는 매장은 상품만을 내세우지 않는다. 공간의 분위기, 연출, 진열을 통해 브랜드의 태도와 감각, 철학을 전하는 무대가 된다. 잘 파는 매장은 상품을 판매하지만, 잘 머물게 하는 매장은 브랜드를 남긴다.

잘 팔리는 매장에는 공통된 흐름이 있다. 다양한 사례와 인사이트를 통해 그런 매장들이 가진 비밀을 풀어냈다. 현장에서 끊임없이 "어떻게 하면 손님이 더 오래 머물까?" "왜 똑같은 상품인데 여긴 더 잘 팔릴까?"라는 질문을 던져왔다. 답은 화려한 인테리어나 대규모 리뉴얼이 아니었다. 공간과 상품, 조명과 진열, 색감과 정보 전달 사이의 미묘한 차이가 고객의 시선을 붙들고, 결국 지갑을 열게 만든다는 사실을 발견했다.

주목한 건 바로 그 '차이'였다. 브랜드의 방향성을 어떻게 공간으로 표현할지, 고객이 자연스럽게 움직일 수 있는 동선을 어떻게 설계할지, 상품을 어떤 방식으로 진열하고 연출해야 고객의 선택을 받을 수 있을지, 이 모든 요소가 어떻게 연결되고, 실제 매장에서 어떻게 작동하는지를 다양한 사례를 통해 풀어냈다. 이제 막 매장을 준비하는 창업자부터 오래된 매장에 새로운 활력을 더하고 싶은 운영자까지 작은 변화의 실마리를 찾는 이들에게 출발점이 되기를 바란다.

저자들은 오랜 시간 현장에서 다양한 질문의 답을 찾아왔다. 백화점의 한편에서, 대형마트와 쇼핑몰에서, 때로는 좁은 골목의 작은 가게에서도 브랜드의 규모나 업종, 지역을 불문하고 수많은 매장을 설계하고 연출하는 동안 공통된 흐름을 발견할 수 있었다. 잘 팔리는 매장은 다르게 설계된다.

그 핵심은 바로 '경험'이다. 고객은 매장의 첫인상에서 많은 것을 결정하며, 매장에 들어서는 순간부터 상품을 둘러보고 손에 쥐며 구매에 이르기까지의 모든 과정은 하나의 연결된 경험으로 작용한다. 거리에서 우연히 마주한 파사드와 쇼윈도의 디스플레이는 고객의 호기심을 자극하고, 매장 안으로 이끈다. 이후 고객은 구석구석을 이동하며 진열과 연출, 정보 전달 요소를 통해 브랜드의 이야기를 접하고, 예상치 못한 구매로까지 이어지게 된다. 이처럼 통합적으로 설계된 매장 분위기는 고객이 상품을 탐색하고 브랜드와 자연스럽게 연결되는 환경을 만들어낸다.

이제 쇼핑은 물건을 사는 것에서 브랜드를 경험하는 시간으로 바뀌고 있다. 고객은 매장의 흐름을 따라가며 감각을 자극받고, 브랜드가 전하는 문화와 메시지에 공감할 때, 그 공간에 머무르고 싶다는 선택의 과정마저 즐기게 된다. 매장에 들어서는 순간부터 고객에게는 이미 체험이 시작된 것이다.

    그래서 감각을 중심으로 설계된 매장은 단지 상품을 보기 좋게 정리하는 것만으로는 설득력을 갖기 어렵다. 브랜드를 오롯이 느끼고 자연스럽게 연결될 수 있어야 비로소 경험의 장소로서의 의미를 갖는다. 이를 위해 매장은 VM을 통해 시각 언어로 구현되어야 한다. 레이아웃, 동선, 진열, 색, 조명, 브랜딩, 마케팅… 모든 요소가 하나의 흐름 안에 유기적으로 연결될 때 고객은 자연스럽게 머물고 반응하게 된다. 그렇게 쌓인 경험은 매장을 다시 찾고 싶은 기억이 된다.

    전하려는 메시지는 하나다. '잘 팔리는 흐름'에는 분명한 이유가 있다는 것이다. 정형화된 매뉴얼이 아닌, 현장에서 부딪치며 얻은 통찰과 경험을 바탕으로 매장 운영에 꼭 필요한 지침을 정리했다. 여기에 국내외 VM 사례를 더해 실무자들이 다양한 관점에서 인사이트를 얻고 각자의 매장에 적용해볼 수 있도록 구성했다.

    지향점은 단기적인 성과보다 고객과 깊이 연결되는 매장을 함께 만들어가는 데 있다. 창업자에게는 공간을 보는 눈을, 예비 VM 디자이너에게는 방향을, 마케터에게는 전략을, 소상공인에게는 실질적인 변화의 단서를 건네고자 했다. 공간 구성만이 아니라 브랜드 정체성과 연결되는 VM 전략은 물론, 디지털 접점 확장까지 함께 다뤘다. 오프라인과 온라인을 아우르는 흐름 속에서 어떻게 브랜드 경험을 설계할 것인지에 대한 해답도 담았다.

사단법인 한국비주얼머천다이징연구회는 오랜 시간, VM을 기반으로 고객과 브랜드를 이어주는 작업을 해왔다. 그 과정에서 교육과 연구, 실무 현장에서의 다양한 적용을 꾸준히 시도해왔다. 이 글은 그 노력의 연장선에서 탄생한 실천적 결과이자 다음 세대를 향한 메시지다.

지금 이 시대의 변화에 맞는 VM의 방향을 고민하며 보다 실용적이고 넓은 시야로 접근할 수 있는 콘텐츠를 담았다. 현재 활동 중인 비주얼 머천다이저는 물론, 미래의 창업자, 소상공인, 브랜드 매니저들에게도 지속적인 영감을 전하고자 한다. 이 글을 통해 독자 여러분이 상황에 흔들리지 않는 공간 설계의 본질을 발견하고, 변화하는 시장 속에서도 자신만의 전략을 세워가길 바란다. 저자들의 경험과 통찰이 다음 세대 디자이너에게 영감이 되기를, 그리고 그들이 자신만의 방식으로 새로운 길을 만들어가도록 돕기를 기대한다.

지금, 당신의 매장은 '잘 팔리는 흐름'을 갖추고 있는가.
그 흐름을 찾는 여정에서 이 책이 당신에게 작지만 확실한 나침반이 되기를 바란다.

공동 저자 대표, 사단법인 한국비주얼머천다이징연구회 대표이사

이동숙

CONTENTS

추천사 04
Prologue 당신의 매장은 잘 팔리는 '흐름'을 갖추고 있는가 08

PART 1 매장의 감성을 설계하는 비주얼 머천다이징 목경숙

01 아이덴티티를 위한 차별화 전략   25
브랜드의 스토리를 전하는 공간 구성   26
고객이 스스로 찾아오게 하는 디자인   28

02 구매를 유도하는 동선 설계   35
자연스럽게 매장을 탐색하게 한다   36
핫 존·데드 스페이스의 공간 전략   43
접근은 쉽게, 체험은 즐겁게   49
매장 방문에서 구매까지 효율적인 동선 설계   55

03 상품은 어떻게 배치해야 할까   59
구매로 이어지는 공간 구성 전략   59
구매 결정에 영향을 미치는 상품 배치 전략   62
빠르고 쉽게 매장을 재구성하는 모듈형 설계 전략   72

PART 2 색과 빛으로 고객의 마음을 움직이다 이동숙

01 고객의 감정을 디자인한다   82
컬러로 고객의 감성을 자극하다   82
색의 조화와 대비로 고객의 시선을 사로잡는다   90
컬러로 고객의 행동을 디자인한다   96

02 고객은 컬러로 브랜드를 기억한다   102
    브랜드의 개성을 드러내는 핵심 컬러   104
    컬러로 기억되는 브랜드 아이덴티티   108

03 시선을 사로잡는 컬러로 디자인한다   115
    색은 감정을 이끄는 커뮤니케이션 도구다   118
    고객을 끌어당기는 6가지 컬러 디스플레이   130
    계절 컬러로 그 순간 필요한 상품임을 전달한다   139

04 조명, 상품과 공간을 연결한다   144
    상품의 가치를 높인다   147
    매장의 분위기를 연출한다   152
    디스플레이를 완성한다   155

PART 3 고객을 부르는 진열 테크닉
송은아

01 손이 가는 매장은 어떻게 만들어지는가   167
    상품을 선택하게 하는 진열의 힘   167
    시선을 사로잡는 진열의 법칙   168

02 공간을 채우는 기술, 상품 진열   176
    찾기 쉽게: 수직, 수평 진열과 그룹핑 진열   177
    보기 쉽게: 사이즈별·아이템별 진열   182
    상품을 매력적으로: 페이싱Facing 진열   186
    소형 매장에 효과적: 계단식 진열   189
    관심 유도: 섬 진열Island Display   191

03 고객의 구매 욕구를 자극하는 진열 전략 — 196
    자연스럽게 구매를 유도하는 연관 진열 전략 — 197
    색다른 진열 패턴으로 주력 상품을 강조하기 — 202
    편안한 체험을 제공하는 샘플 진열 — 205

04 분위기와 정보를 전달하는 소도구 활용법 — 209
    소도구 진열로 브랜드의 분위기와 인지도 높이기 — 210
    매장에서 상품 정보를 전달하는 도구들 — 213

PART 4 하나의 이야기로 매장을 연출하는 법
문정원

01 브랜드를 기억하게 하는 공간 연출 — 218
    고객의 발걸음을 멈추게 하는 포컬 포인트 — 221
    브랜드 정체성을 전달하는 시각 연출 기법 — 226

02 스토리가 담긴 공간은 매력적이다 — 232
    감성을 움직이는 스토리텔링 연출 사례 — 233
    이벤트 테마, 시즌을 반영한 공간 연출 — 239

03 감각으로 기억되는 매장 만들기 — 244
    공간을 기억하게 하는 오감 연출 — 245
    오감으로 브랜드를 느끼게 하다 — 248

04 고객을 유혹하는 공간 연출 기법 — 252
    핵심 제품을 돋보이게 하는 셀링 포인트 Selling Point — 253
    시선을 유도하여 상품을 주목하게 한다 — 255
    상품의 조화로운 배치를 위한 기본 구성 — 262
    마네킹과 소품으로 완성하는 스타일링 — 266

05	고객과 신뢰를 쌓는 친환경 디스플레이와 지속 가능한 연출	271
	친환경 메시지를 담은 리워드 & 업사이클링	272

PART 5
브랜딩으로 감성을 설계하고 디지털 전략으로 경험을 확장한다
이민영

01 기억되는 브랜드는 어떻게 만들어지는가 — 281
- 고객은 감정을 통해 구매한다 — 284
- 공감과 감정으로 브랜드를 강화하는 스토리텔링 Storytelling — 288
- 고객의 마음에 자리 잡는 첫인상 만들기 — 294

02 보이는 것이 전부다: 시각적 아이덴티티의 설계 — 300
- 로고와 컬러, 그래픽이 완성하는 브랜드 얼굴 — 302
- 패키지, POP, 굿즈로 구현하는 브랜드 세계관 — 309
- 프로모션을 한눈에 전달하는 디자인 전략 — 313

03 브랜드는 소통이다: 고객과의 연결 전략 — 319
- 광고, PR, 프로모션으로 브랜드를 넓히는 법 — 321
- 오프라인 공간에서 경험하는 브랜드 세계관 — 327
- 브랜드 팬덤, 1%가 99%를 움직인다 — 332

04 디지털 시대, 브랜딩은 어떻게 바뀔까 — 337
- 발견되는 브랜드: 검색과 알고리즘 중심의 브랜드 노출 전략 — 339
- 콘텐츠는 맞춤형으로, 플랫폼은 전략적으로 — 344
- 오프라인과 온라인을 연결하는 브랜딩 전략 — 349

Epilogue 발걸음을 멈추게 만드는 매장에는 이유가 있다 — 356

PART 1

Visual Merchandising

매장의 감성을 설계하는
비주얼 머천다이징

※

비주얼 머천다이징을 교육하거나 현장 작업을 진행할 때 마주하는 반응은 대체로 비슷하다. 많은 사람이 비주얼 머천다이징을 '매장을 예쁘게 꾸미는 일'로 받아들인다. 물론 변화된 공간은 이전보다 더 매력적인 인상을 남기고 고객의 시선을 끄는 데 효과적이다. 그러나 비주얼 머천다이징이 단지 멋진 공간을 연출하는 데 그치는 작업일까?

이러한 질문은 현장 곳곳에서 반복적으로 등장한다. 사단법인 한국비주얼머천다이징연구회는 창업자들과의 멘토링을 꾸준히 이어오고 있다. 그 과정에서 우리는 항상 몇 가지 기본적인 질문을 던진다.

"브랜드명과 어울리는 로고, 시그니처 색상이 설정되어 있는가?"
"브랜드의 정체성을 공간에 어떻게 담아내고 있는가?"

이 질문에 명확하게 답하는 경우는 전체의 30%를 넘지 않는다. 많은 매장 운영자, 창업자, 소상공인이 비주얼 머천다이징을 여전히 진열, 연출 혹은 인테리어 중심의 활동으로 이해하고 있으며 브랜드의 인상과 고객의 경험을 함께 설계하는 전략적 접근이라는 인식은 아직 부족한 편이다.

색채와 조명, 진열과 연출, 동선, 체험 공간과 같은 구성 요소들이 중요한 이유는 브랜드가 공간에서 무엇을 말하고자 하는지, 고객이 어떻게 그 의미를 받아들이고 머무르게 되는지를 결정하는 중요한 도구이기 때문이다. 이 요소들이 유기적으로 작동할 때 고객은 브랜드에 주목하고 매장에 머무는 시간은 자연스럽게 늘어난다. 그 결과, 브랜드와 고객 사이의 공감이 깊어지고 브랜드에 대한 인식과 매출 모두 긍정적인 흐름을 탄다.

비주얼 머천다이징은 브랜드가 지닌 철학과 방향성을 시각적으로 구체화하는 과정이며 고객과의 관계를 시각적으로 구현하는 장면이자 브랜드 경험의 마무리를 책임지는 설계다. 비주얼 머천다이징은 상품을 어떻게 보여줄 것인지에만 그치지 않는다. 브랜드가 고객에게 전달하고 싶은 태도, 감정, 메시지를 공간 전반에 녹여내는 전략이며 경험 중심의 소통 방식이다. 조명은 공간의 온도를 조율하고, 색은 감정의 결을 섬세하게 드러내며, 진열과 연출은 시선과 동선을 따라 흐름을 만들어낸다.

이 모든 요소는 고객의 감각과 움직임, 반응을 세심하게 고려한 설계여야 한다. 그렇게 완성된 공간은 고객과 브랜드를 연결하고 기억의 전환점을 만들어낸다. 브랜드는 상품보다 공간에서의 경험으로 기억되고 비주얼 머천다이징은 그 감각적 전환을 기획하는 작업이 된다.

한 가지, 이 책에서 사용하는 용어에 대해 짚고 넘어갈 필요가 있다. '비주얼 머천다이징Visual Merchandising'이라는 말은 다소 생소하게 느껴질 수 있지만 국내에서는 'VMD'라는 표현이 더 익숙하다. 실제로 많은 기업, 관공서, 학교 등에서 일반적으로 'VMD'라는 약어를 사용하고 있다. 그러나 이 책에서는 국제적으로 통용되는 정식 용어인 '비주얼 머천다이징'과 약식 표기로 'VM'을 사용하고자 한다. 'VMD'는 주로 한국과 일본에서 쓰이는 표현으로 보다 보편적인 개념 전달을 위해 글로벌 기준에 맞춘 용어 사용이 적절하다고 판단했다. 이 선택은 독자들이 다양한 현장에서 유연하게 개념을 적용할 수 있도록 돕기 위한 것이다.

01
아이덴티티를 위한 차별화 전략

비주얼 머천다이징VM* 은 브랜드의 정체성을 공간에 시각적으로 풀어내는 작업이다. 고객은 매장에서 상품만 보는 것이 아니라 브랜드가 지닌 세계관과 태도를 함께 경험한다. 이때 VM은 브랜드가 누구인지, 어떤 감각을 지향하는지 공간을 통해 직관적으로 전달하는 역할을 한다. 따라서 공간은 브랜드의 메시지를 전달하는 무대가 된다. 이제는 무엇을 보여줄지보다 어떻게 느껴지게 할지가 더 중요해졌다. 그 인상은 시선의 흐름, 디스플레이의 구조, 색의 배열, 빛의 밀도와 같은 요소들이 어우러지며 만들어

* **비주얼 머천다이징**
20세기 후반 미국 유통업에서 발전한 전략으로 매장과 상품을 시각적으로 연출해 고객의 구매를 이끄는 방법이다.

진다. VM은 이 흐름을 설계해 고객의 반응을 유도하고 자연스럽게 구매로 이어지도록 구성한다. 또한, 브랜드가 전달하고자 하는 분위기와 트렌드를 시각적으로 제안하며 브랜드가 지향하는 세계와 고객의 니즈를 반영한 라이프스타일을 공간 전체에 그려낸다.

이 장에서는 오프라인 공간에서 VM이 어떤 역할을 수행하는지, 그리고 왜 매장에서 디자인이 전략적 자산으로 여겨지는지를 살펴본다.

브랜드의 스토리를 전하는 공간 구성

최근 오프라인 매장에서 VM은 고객 경험을 얼마나 풍부하게 만들 수 있는지에 초점을 맞추고 있다. 고객은 매장에 들어서는 순간 상품보다 공간의 분위기, 장면 구성, 시각 정보를 통해 브랜드에 대한 첫인상을 받는다. 이때 감각적 요소가 풍부하고 경험이 흥미로울수록 브랜드와의 정서적 연결은 더욱 강하게 형성된다. 이 경험이 깊을수록 브랜드에 대한 인상은 선명해지고 자연스럽게 매출로 이어진다. 특히 매장 내 시각적 구성, 공간의 밀도, 체험 장치는 고객의 주의를 끌고 체류 시간을 늘리며 구매 행동에 실질적인 영향을 미친다.

최근 고객의 라이프스타일과 소비 패턴은 빠르게 변화하고 있다. 이제 고객은 상품을 구매하기 위해서만 매장을 찾지 않는다. 쇼핑은 선택의 과정이자 브랜드를 경험하는 방식이 되었다. 오프라인 매장 역시 본질이 달라지고 있다. 예전처럼 구매를 목적으로만 방문하는 공간이 아니라, 다양한 이유로 찾아온 고객이 브랜드를 자연스럽게 체험하고 머무는 공간으로 변하고 있다.

고객 경험을 풍부하게 만드는 체험 요소와 공간 설계는 고객의 심리적 만족을 높이고 브랜드에 대한 신뢰를 강화하는 핵심 전략이 된다. 이러한 흐름 속에서 VM은 브랜드의 스토리를 전달하고 고객의 감정에 깊이 닿는 역할이 더욱 중요해졌다.

상품은 하나의 매개일 뿐이며 그 안에 담긴 이야기와 맥락이 고객에게 진정한 연결을 만들어낸다. 이런 변화를 보여주는 사례로는 테슬라Tesla와 나이키Nike를 들 수 있다. 테슬라는 매장에 운전 시뮬레이터를 설치해 고객이 전기차의 성능을 직접 체험할 수 있도록 구성했다. 상품 정보를 제공하는 대신 체험을 통해 제품을 이해하도록 설계한 방식이다. 나이키는 매장 곳곳에 운동선수의 스토리를 디지털 콘텐츠로 구현해 고객이 브랜드의 정체성과 자신의 삶을 자연스럽게 겹쳐 보게 만든다. 이를 통해 고객은 자신이 선수처럼 느끼는 경험을 하고 그 감정 속에서 상품을 자연스럽게 받아들인다.

디지털 세대가 소비 흐름을 이끌고 있는 지금 오프라인 매장이 지속적인 성장을 이어가기 위해 주목해야 할 것은 '경험'이다. 온라인은 편의성과 가격을 중심으로 작동하지만 오프라인은 브랜드의 분위기와 태도를 오감으로 체감할 수 있는 공간이다.

매장은 이제 브랜드의 철학과 세계관을 입체적으로 느낄 수 있는 장소로 새롭게 인식되고 있다. 고객이 공간에서 체류하는 시간은 길어지고 그 안에서 형성된 감정은 브랜드에 대한 애착으로 이어진다. 이 감정의 밀도가 깊어질수록 재방문 가능성은 커지고 구매로 전환되는 흐름도 자연스럽게 마련된다.

최근 많은 브랜드가 공간에서의 경험 설계에 집중하는 이유가 여기에 있다. 제품만으로는 전달할 수 없는 브랜드의 태도와 이야기를 구성하고 이를 감각적으로 표현하는 가장 실질적인 전략이 바로 VM 이다.

고객이 스스로 찾아오게 하는 디자인

쇼핑은 상품 이상의 경험을 포함한다. 사람들은 매장 전체의 흐름과 분위기 속에서 브랜드의 감각을 체험한다. 공간이 처음 건네는 인상에 마음이 움직이고 발걸음이 머문다. 매장 디자인은 바로 그 순간을 설계하는 가장 본질적인 장치다.

고객의 발걸음을 유도하고 머무르게 한다

누군가의 시선을 사로잡는 것은 상품보다 먼저 공간이 가진 분위기다. 길을 걷다 무심코 눈에 들어온 매장을 떠올려보자. 계획에 없던 쇼핑을 시작하게 만든 경험은 대부분 입구에서 마주한 첫인상으로 결정된다. 매장 디자인은 고객이 매장을 향해 발걸음을 옮기게 만들고, 안으로 들어선 이후에도 오래 머물고 싶도록 분위기를 조성하는 역할을 한다. 따뜻한 조명, 개방감 있는 공간, 자연스럽게 이끄는 시선의 흐름. 이러한 요소들이 조화를 이루며 고객을 공간 속으로 자연스럽게 이끈다.

애플스토어Apple Store는 이러한 원리를 가장 세련되게 구현한 사례다. 복잡한 안내 없이 고객이 편안하게 들어설 수 있도록 열린 구조와 간결한 동선을 유지한다. 이 미니멀한 공간 안에서 고객은 브랜드의 감도 높은 이미지를 온전히 체감하게 된다. 공간의 흐름과 분위기만으로 고객을 끌어들이는 힘, 바로 그것이 매장에서의 모든 경험을 가능하게 하는 디자인의 본질이다.

브랜드를 기억하도록 장면을 구성한다

고객의 기억에 남는 장면은 우연히 만들어지지 않는다. 매장은 브랜드가 고객에게 전하는 첫 번째 공간이며, 어떻게 구성하느냐에 따라

파리 메르시 편집숍, 그래픽 요소로 고객의 발걸음과 기억에 남는 매장 디자인 사례

브랜드 인식이 결정된다. 장면을 구성할 때는 세 가지 핵심을 고려해야 한다. 바로 상품의 중심성, 공간의 감정선, 시각적 통일성이다.

첫째, 상품 중심의 포인트 설정을 구성한다. 가장 강조하고 싶은 상품을 선택하고 그 상품이 자연스럽게 주목받을 수 있도록 배치한다. 상품은 무대의 주인공이고 주변 요소들은 그 가치를 돋보이게 하는 배경이 되어야 한다. 고급 제품이라면 여백이 많은 배치를 고려하고, 실용적 제품이라면 다양한 사용 상황을 보여주는 연출이 효과적이다. 이렇게 상품 중심으로 포인트를 설정하면 브랜드만의 고유하고 인상적인 장면을 선명하게 각인시킬 수 있다.

둘째, 공간의 감정선을 설계한다. 고객이 장면을 마주했을 때 어떤 감정을 느끼게 할 것인지를 먼저 정의해야 한다. 고급스러움, 따뜻함, 생동감, 차분함 등 느끼게 하고 싶은 감정을 결정하고 그에 맞춰 컬러, 조명, 재질을 세밀하게 설정한다. 고급스러움을 표현하려면 톤 다운된 컬러와 부드러운 조명을 사용한다. 생동감을 표현하려면 명도 대비가 강한 컬러와 밝은 조명을 활용한다. 감정선을 분명히 설계해야 공간이 고객의 감정과 기억에 직접 연결된다.

셋째, 시각적 통일성과 흐름을 맞춘다. 하나의 장면이 브랜드 전체에서 이질적으로 튀지 않도록 공간 전체의 톤과 연결되면서도 독립적인 주목성을 가져야 한다. 디스플레이 주변에서 사용되는 소품, 베이스 색상, 텍스처가 브랜드 톤과 일관되어야 한다. 고객의 동선에서 자연스럽게 연결되는 위치에 장면을 배치해야 한다.

이 세 가지를 고려하여 매장을 설계하면 브랜드를 기억하게 만드는 장면은 상품을 중심으로 감정선을 설계하고 공간 전체와 자연스럽게 이어지는 흐름 속에서 시각적 강약을 조절해 완성된다.

고객의 시선과 발걸음을 이끈다

디자인은 고객의 시선과 발걸음을 이끄는 설계 도구다. 매장 입구에 배치된 신상품, 자연스럽게 이어지는 동선, 시선을 끄는 핫 존 Hot Zone의 연출. 이 모든 것은 우연이 아니라 고객의 구매 여정을 돕기 위해 정교하게 설계된 흐름이다.

MAMMUT은 매장 입구와 주요 동선에 시즌에 따라 트렌디한 상품을 배치해 고객의 시선을 끌고 흥미를 유도한다. 잘 짜인 코디네이션은 단일 상품에 머무르지 않고 연관 아이템까지 자연스럽게 연결해 쇼핑 흐름 전체를 하나의 스타일 제안처럼 구성한다. 이 구성은 연계 구매를 유도하고 객단가를 높이는 데 효과적으로 작용한다.

연관 아이템의 제안이 자연스러운 MAMMUT

캠핑 가고 싶은 마음이 생기는 매장 연출

※ 상호 활동적으로 이루어지는 방식 또는 형태

또한, 체험형 진열이나 인터랙티브※ 한 요소는 고객의 체류 시간을 늘리고 브랜드에 대한 몰입도를 높인다. 예를 들어, 캠핑 브랜드 매장에서 조명을 낮춘 텐트 공간을 연출하면 고객은 자신이 직접 캠핑을 떠나는 장면을 상상하며 몰입하게 된다. 이런 기대감과 감정은 구매로 이어지는 가장 강력한 동기가 된다.

매장 디자인은 시선을 붙잡는 데서 멈추지 않는다. 고객이 머물고 반응하며 브랜드와 감각적으로 연결되는 흐름을 만든다. 브랜드에 대한 인식이 자연스럽게 형성되고 상품과의 접점이 열린다. 디자인은 이 모든 과정을 하나의 장면처럼 엮어내며 고객의 마음속에 브랜드를 '보게' 하는 것이 아니라 '느끼게' 한다. 그 감각이 쇼핑을 하나의 경험으로 전환하는 시작점이 된다.

VM은 이 전략을 가장 입체적으로 구현하는 실무다. 공간의 결을 설계하고 브랜드가 전하고자 하는 메시지를 장면으로 구성한다. 고객은 그 장면 안에서 브랜드와 처음 마주하고 관계를 만들어간다. 때로는 아주 조용하게, 그러나 오래도록 기억되는 방식으로.

02
구매를 유도하는 동선 설계

매장 공간을 구성할 때 고려되어야 하는 가장 중요한 요소가 고객의 이동과 흐름의 방향이다. 매장 내부 동선 간의 상호 연관성을 찾아내어 이를 유기적으로 연결하는 것이 공간 계획의 핵심이며 고객이 상품을 향해 다가오게 만드는 유일한 방법이다. 매장의 레이아웃을 설계할 때 고객의 심리적 동선Psychological Flow과 물리적 동선Physical Flow을 조화롭게 적용하면 상품 접근성을 높이고 체험 요소와 소비 심리 자극 요소를 활용할 수 있다.

자연스럽게 매장을 탐색하게 한다

동선은 고객이 자연스럽게 매장을 탐색하도록 돕고 상품을 구매로 이어지도록 고객의 행동을 유도한다. 매장의 레이아웃 설계에서 동선은 고객이 상품을 쉽게 찾을 수 있도록 하고 심리적으로 고객이 상품에 대한 호감을 느끼도록 만든다. 동선 계획을 통해 고객이 매장에서 어떻게 행동할지를 예상하여 심리적 동선과 물리적 동선으로 활용할 수 있다.

고객의 움직임에 따른 단계별 설계

심리적 동선Pshchological Flow은 고객의 심리와 행동 패턴을 고려한 동선 유도 방식이다. 고객이 공간을 인식하고 경험하는 심리적 흐름을 의미하며 고객이 어디로 가고 싶은지 무엇을 먼저 보고 싶은지 어떤 방식으로 매장을 돌아보며 구매하는지를 결정하는 무의식적인 경로이다.

매장은 고객의 움직임이 단계별로 설계되어야 한다. 그럼 단계별로 심리적 동선을 설계해보자.

- 입구 → 호기심First Impression: 매장의 첫인상을 좌우하는 입구에서는 고객이 매장에 들어오자마자 느끼는 분위기와 브랜드 이미

지로 호기심을 자극해야 한다. 마트에서는 입구에 신선한 과일 코너를 배치하여 건강한 이미지와 함께 매장에 들어가고 싶은 심리를 자극한다. 코스메틱 매장이라면 베스트셀러 존을 고객 동선의 초입에 배치하여 시선을 유도한다.

- 매장 초입 → 시선 유도와 흥미 유지 Eye Movement: 매장 내부에 들어와서는 가장 먼저 눈길이 가는 곳(예: 눈높이 디스플레이, 강한 컬러)에 자연스럽게 시선의 흐름이 머무르도록 하여 흥미를 유지해야 한다. 핵심 제품이 배치되어야 할 곳은 고객의 시선이 먼저 가는 곳이다.

- 중간 동선 → 감정적 몰입 Emotional Engagement: 특정 공간에서 느끼는 따뜻한 조명, 음악, 향기 등의 감정에 충분히 감정적 몰입이 이루어지도록 설계하는 것도 중요한 요소이다. 공간 디자인과 브랜드의 감성을 느끼는 순간을 경험하게 된다. 카페와 서점, 복합 공간은 고객이 오래 머물며 브랜드 경험을 즐길 수 있도록 여유로운 체험 공간으로 배치한다. 고객이 더 오래 머물고 싶어 하는 구역으로 체험 존, 포토 존, 라운지 등이 있다.

- 심화 동선 → 탐색 욕구 자극 Exploration Desire: 고객이 계속 매장을 둘러보고 싶게 만드는 요소로 탐색 욕구가 증가하게 된다. 고객

이 흥미를 느끼게 하는 숨겨진 코너를 설계하여 지루하거나 매장에서 빨리 나가고 싶은 마음이 들지 않도록 하는 것이다. 계산대로 갈수록 구매 결정을 확신하게 만드는 구성이 필요하다.

- **결정 구역 → 확신을 주는 마무리**Purchase Confidence: 고객이 계산대로 향하는 순간은 쇼핑의 마무리가 아닌 브랜드 인상이 완성되는 마지막 장면이다. 이 구역은 상품을 최종적으로 점검하고 구매를 확신하게 만드는 공간이 되어야 한다. 계산대 주변에는 추가로 눈에 띄는 작은 제안이 자연스럽게 배치되고 포장된 상품은 정성스러운 마감으로 감정의 여운을 더한다. 직원의 친절한 한마디, 세심한 응대, 브랜드 메시지가 담긴 작은 태그 하나까지 이 모든 것이 고객의 마음에 '잘 샀다'라는 감정을 남긴다.

들어가고 싶게 만드는 매장

물리적 동선Physical Flow은 고객이 매장 안에서 실제로 어떻게 움직이게 되는지를 설계하는 구조다.

고객이 어디로 들어오고, 어디에서 멈추며, 어떤 흐름으로 나가게 되는지를 공간 전체의 흐름 속에서 계획한다. 이 동선 설계에 따라 고객의 이동 패턴은 크게 달라지고 매장 체류 시간과 구매 행동에도 직접적인 영향을 미친다.

중앙집기와 주변 카테고리의 유기적인 연결고리로 고객이 자연스럽게 이동하는 구조

집기 배치로 자연스럽게 동선을 유도하며 다양한 상품을 경험하게 하는 구성

입구는 매장 동선 설계의 출발점이다

공간은 탁 트여 보이고, 시야를 가리는 요소 없이 여유롭게 구성되어야 한다. 집기나 상품이 입구를 막고 있으면 고객은 본능적으로 발걸음을 멈추거나 돌아설 가능성이 커진다. 입구에 배치하는 상품은 '들어가고 싶은' 분위기를 만드는 역할을 해야 한다. 또한, 매장 안쪽은 리듬감을 살려 설계해야 한다. 입구 쪽은 낮고 뒤로 갈수록 점차 높아지는 진열 구조를 만들면 시야가 열리고 공간에 깊이가 생긴다. 이러한 설계는 시각적으로 편안함을 주고 고객이 자연스럽게 안쪽으로 이동하게 만든다.

매장 내부의 동선은 여러 구성 요소로 이뤄진다

- 입장 동선 Entrance Pathway : 입구에서 매장 안으로 자연스럽게 이어지는 길
- 메인 동선 Main Pathway : 고객이 가장 많이 걷게 되는 주요 흐름
- 보조 동선 Secondary Pathway : 특정 공간이나 상품으로 이끄는 부가 경로
- 체류 공간 Stopping Points : 고객이 멈춰서 상품을 보고 체험할 수 있는 공간
- 출구 동선 Exit Flow : 구매를 마친 후 자연스럽게 매장을 빠져나가는 길

카테고리 존을 구분하여 보여주는 동선

특정 매장으로 이끄는 동선

이 모든 경로는 하나의 구조 안에서 유기적으로 연결되어야 한다. 끊기거나 방해받지 않고 흐름이 이어져야 하는 것이 핵심이다.

동선 유형과 활용은 매장의 형태나 콘셉트에 따라 물리적 동선의 유형도 달라진다
 대표적인 동선 유형은 그리드형Grid Layout, 루프형Loop Layout, 프리플로우형Free Flow Layout, Z형Z Layout, 믹스형Mix Layout 등이 있으며, 각 동선의 구체적 특징과 활용 방법은 '03. 상품은 어떻게 배치해야 할까'에서 자세히 다룰 예정이다.

 고객이 매장에서 오래 머물고 몰입할수록 구매 확률은 높아진다. 이를 위해서는 심리적 동선과 물리적 동선을 조화롭게 설계하는 것이 중요하다. **심리적 동선은 고객의 감정 흐름을** 고려해 시선을 유도하고 공간에 머물게 만드는 설계다. 예를 들어, 입구에 대형 미디어 아트를 설치해 브랜드의 핵심 메시지를 직관적으로 전달하거나 따뜻한 조명과 부드러운 컬러를 활용해 편안한 분위기를 조성하는 방법이 있다. **물리적 동선은 고객의 실제 이동 경로를 계획**해 자연스러운 흐름을 만드는 설계다.
 인기 상품을 중심에 배치하고 주변에 체험 공간을 두어 머무름을 유도하거나 카페나 벤치 같은 휴식 공간을 마련해 쇼핑의 피로감을 줄이는 것도 물리적 동선의 한 방법이다.

이처럼 공간 안에서 심리적 편안함과 물리적 흐름을 동시에 설계하면 고객은 매장에 자연스럽게 몰입하고 브랜드 경험은 깊어지며 최종적으로 구매로 이어진다. VM은 이러한 심리적·물리적 설계를 유기적으로 연결해 고객이 브랜드를 느끼고 반응할 수 있도록 공간을 전략적으로 만드는 실질적 도구다.

핫 존·데드 스페이스의 공간 전략

매장의 모든 공간이 동일한 판매 효과를 내지는 않는다. 판매하는 상품, 출입구의 위치, 매장 내부 구성, 고객의 동선에 따라 판매율이 높은 공간과 그렇지 않은 공간으로 구분된다. 한정된 면적에서 효율적으로 매출을 올리려면 고객이 자연스럽게 매장 깊숙이 이동할 수 있도록 유도하는 동선 전략이 필요하다. 또한, 고객은 매장에 들어설 때 무심코 이동하지 않는다. 입구에서 방사형으로 상품을 살펴본 후 동선을 결정하기에 입구에 들어서자마자 시선을 사로잡을 수 있는 상품을 배치하는 것이 중요하다.

핫 존 Hot Zone : 고객을 끌어들이는 첫인상

핫 존은 고객이 매장에서 가장 많이 이동하고 시선이 집중되는 핵심 구역을 의미한다. 핫 존은 매장 입구, 주요 통로, 통로 교차점 등 고객의 흐름이 자연스럽게 몰리는 곳에 형성된다. 매장은 고정된 형태로 유지되는 것이 아니라 주력 상품이나 시즌 상품에 따라 핫 존의 위치와 구성이 유동적으로 변화해야 한다.

특히 매장 입구는 고객을 매장으로 끌어들이는 첫 번째 공간으로 신상품이나 프로모션 상품을 배치해 방문객의 시선을 사로잡고 매장 내부로 자연스럽게 유도해야 한다. 또한, 주요 통로가 만나는 교차 지점에 핫 존을 배치하면 많은 고객이 지나가면서 주목하게 되어 체류 시간을 늘리고 구매 전환율을 높이는 데 효과적이다.

핫 존에 적합한 상품의 예시는 다음과 같다.

- 주력 상품: 브랜드가 가장 강조하고 싶은 핵심 제품
- 디자인이나 감각이 중요한 상품: 트렌디한 상품이나 독창적인 디자인이 돋보이는 제품
- 계절성이 강한 상품: 시즌별로 수요가 높은 제품(여름철 아이스커피, 겨울철 핫팩 등)
- 광고나 프로모션 상품: TV, SNS 등에 노출된 인기 제품

핫 존 활용 전략

핫 존을 이벤트 공간으로도 활용할 수 있다. 판매율이 낮지만 전략적으로 강조하고 싶은 상품을 배치하거나 특정 프로모션을 진행하면

영풍문고 입구 봄 컬러 도서 전개

올리브영 입구 프로모션 전개

고객에게 '잘 팔리는 인기 상품'이라는 인식을 심어줄 수 있다.

핫 존 진열의 핵심은 변화와 신선함이다. 최소한 일주일에 한 번은 상품, POP, 연출 방식을 조정해 단골고객에게도 매번 새롭고 신선한 인상을 줄 수 있도록 해야 한다. 또한, 핫 존 내 고객 체험 공간을 마련하면 제품에 대한 관심을 더욱 높일 수 있다. 예를 들어, 식품 매장에서는 시식 코너를, 화장품 매장에서는 메이크업 테스트 공간을 제공해 고객의 참여와 몰입을 유도할 수 있다.

핫 존을 중심으로 한 동선 설계

핫 존을 중심으로 매장 전체를 탐색할 수 있도록 동선을 설계하는 것도 중요하다.

- **직선형 동선 설계**: 핫 존에서 매장 후면이나 다른 주요 구역으로 자연스럽게 이어지는 직선형 통로를 구성한다. 이때 통로는 충분히 넓게 확보해 여유 있는 이동을 유도한다.
- **회전형 동선 설계**: 핫 존을 시작점으로 삼아 고객이 매장을 한 바퀴 돌며 다양한 제품을 탐색할 수 있도록 한다. 자연스럽게 핫 존으로 다시 돌아오는 흐름을 만들 수 있다.

이처럼 핫 존을 중심으로 여러 방향의 경로를 설계하면 고객이 다양한 상품을 접하면서 매장 체류 시간을 자연스럽게 늘릴 수 있다.

데드 스페이스를 세일 존으로 활용

벽면 구석에 상품 이미지를 그래픽으로 적용해 의외의 발견 구역으로 제안

데드 스페이스Dead Space: 고객의 시선을 이끄는 공간으로

매장 안에는 고객의 시선이 잘 닿지 않는 '데드 스페이스'가 존재한다. 대표적으로 계단 아래, 기둥 뒤, 직원 출입구 근처처럼 무심코 지나치기 쉬운 공간들이 이에 해당한다. 이처럼 활용도가 낮은 구역이라도 조명을 추가하거나 POPPoint of Purchase, 그래픽 요소를 배치해 고객의 시선을 유도하고 상품을 강조하는 공간으로 전환할 수 있다.

또한, 거울이나 시각적 연출을 활용해 공간감을 확장하거나 디지털 사이니지나 이미지 월을 설치해 브랜드 메시지, 프로모션, 신상품 정보를 제공하는 것도 좋은 방법이다. QR 코드를 배치해 고객이 스마트폰으로 추가 정보를 얻거나 할인 쿠폰을 받을 수 있도록 연결하면 작은 공간에서도 고객과의 인터랙션을 만들어낼 수 있다. 브랜드의 역사나 가치를 소개하는 디스플레이를 설치하거나 특정 제품이나 주제에 대한 워크숍이나 세미나를 진행해 고객의 관심과 방문을 유도하는 방법도 있다. 이처럼 데드 스페이스는 '보이지 않는 곳'이 아니라 '의외의 발견이 있는 곳'으로 전환할 수 있다.

핫 존과 데드 스페이스를 '좋은 자리, 나쁜 자리'로 구분하지 말고 각각의 특성과 기능을 살려 설계할 때 매장은 더 다채롭고 매력적인 경험 공간으로 완성된다.

접근은 쉽게, 체험은 즐겁게

포컬 포인트Focal Point: 상품의 접근성을 높이는 전략

상품 접근성은 고객이 상품을 빠르게 인식하고 자연스럽게 다가갈 수 있도록 동선을 설계하는 전략이다. 고객은 매장 입구에 들어서는 순간 무의식적으로 오른쪽 방향으로 이동하는 경향이 있다. 이 흐름을 고려해 매장 우측 구역은 '핫 존'으로 설정하고 핫 존 안에는 고객의 주목을 끌 수 있는 포컬 포인트를 함께 설계해야 한다. 출입구는 고객 이동이 가장 활발하게 발생하는 공간이므로 기본적으로 핫 존에 해당한다. 하지만 이동만 유도하는 것이 아니라 출입구에 마네킹, 신상품 디스플레이 같은 시각적 장치를 설치해 고객의 시선을 강하게 붙잡아야 한다. 이때 활용하는 것이 바로 포컬 포인트다.

핫 존과 포컬 포인트는 구분이 필요하다. 핫 존은 고객 흐름이 집중되는 넓은 공간 구역을 의미한다. 반면 포컬 포인트는 매장 안에서 고객의 시선을 끌어당기는 하나의 특정 지점을 의미한다. 핫 존 안에 포컬 포인트를 설치해 주목도를 높일 수는 있지만 **핫 존은 '이동 흐름'을 다루는 개념이고, 포컬 포인트는 '시선 집중'을 다루는 개념이다.** 두 개념을 명확히 구분하고 설계에 반영해야 한다.

예를 들어, 유니클로와 자라 매장은 출입구 앞에 신상품을 착장한

유니클로의 입구 포컬 포인트[1]

1 출처: www.planmyjapan.com

ZARA, 명동 눈스퀘어 플래그십 스토어 백화점 입구 포컬 포인트

마네킹을 배치해 고객이 자연스럽게 상품을 가까이서 보고 매장 안으로 유입되도록 설계하고 있다. 출입구라는 핫 존 위에 강력한 포컬 포인트를 설정해 첫인상에서 구매로 이어지는 흐름을 자연스럽게 만든 것이다.

상품 진열에서도 손쉬운 접근성을 높이는 것이 중요하다. 주력 상품은 고객의 손이 편안하게 닿는 골든 존* 범위에 배치하고 진열대는 지나치게 높거나 낮지 않게 조정해 상품을 쉽게 만지고 비교할 수 있도록 해야 한다. 특히 체험이 필요한 제품은 오픈

* **골든 존** Golden Zone
벽장 진열 시 시각적으로 가장 눈에 띄며 시선이 머무는 높이로, 사용하는 곳에 따라 정의가 다르기는 하나 대부분 120~160cm의 범위를 적용한다.

진열해서 고객이 직접 사용해볼 수 있도록 하는 것이 효과적이다.

매장 내 상품 접근성은 고객의 시선과 손의 흐름을 함께 고려해 설계해야 하며 핫 존과 포컬 포인트를 전략적으로 활용하면 고객의 체류 시간과 몰입도를 자연스럽게 높일 수 있다.

오감을 자극하는 고객 체험 전략

오프라인 매장에서 체험은 고객이 브랜드와 직접 연결되는 가장 강력한 방식이다. 매장 안에 고객이 직접 참여하고 경험할 수 있는 공간을 마련하면 브랜드에 대한 감정적 호감과 신뢰를 자연스럽게 형성할 수 있다.

예를 들어, 스토케는 매장 바닥에 콘크리트, 자갈, 모래, 잔디를 깔아 다양한 재질의 길을 만들고 고객이 유모차를 밀고 걸으며 제품의 핸들링을 직접 체험할 수 있도록 구성했다. 이러한 방식은 제품을 설명하는 것보다 훨씬 강한 신뢰를 끌어낼 수 있다.

공간에서 브랜드를 체험하는 방식은 고객의 오감을 자극하는 데서 출발한다. 매장 디자인은 시각, 촉각, 후각, 청각, 미각 등 다양한 감각을 통해 고객 경험을 입체적으로 완성한다.

시각적으로는 색상과 조명을 활용해 매장의 분위기를 조율한다.

뷰티 매장의 체험 공간

리빙 편집숍 쇼룸 체험존

따뜻한 톤의 조명과 자연광을 적절히 사용하면 고객이 편안함을 느끼며 오래 머물게 된다. 티파니앤코는 매장 전반에 브랜드 고유의 블루 컬러를 적극적으로 사용해 고객이 색만으로도 브랜드를 떠올릴 수 있게 만들었다. 촉각은 상품과 공간을 통해 브랜드 감각을 전달하는 요소다. 부드러운 소재나 거친 자연 질감 등을 매장 곳곳에 활용하면 고객은 손끝으로 브랜드의 성격을 경험하게 된다.

후각은 과거의 긍정적 기억을 불러일으켜 제품에 대한 좋은 인상을 심어준다. 아베크롬비&피치는 매장 전체에 '시그니처 향(피어스)'을 사용해 브랜드를 감각적으로 각인시키고 있으며, 아오야마 플라워 마켓 티하우스는 생화와 허브 향을 활용해 자연 속 티룸 같은 공간을 연출하고 있다. 또한, 청각은 고객의 체류 시간과 소비 경험에 직접적인 영향을 미친다. 서점에서는 잔잔한 클래식 음악을 통해 독서에 어울리는 분위기를 만들고 편집숍에서는 매장 테마에 맞춰 음악의 비트와 템포를 조절해 쇼핑의 흐름을 이끈다.

매장에서 오감을 통해 경험하고 느낀 감정은 오프라인 공간만이 제공할 수 있는 독보적인 가치다. 상품을 만지고 향을 맡으며 공간의 분위기를 느끼는 모든 순간은 오랫동안 기억되며 자연스럽게 브랜드를 떠올리고 재방문을 유도한다.

매장 방문에서 구매까지 효율적인 동선 설계

고객의 이동 흐름은 뚜렷한 패턴을 보인다. 입구에 들어선 고객은 본능적으로 오른쪽으로 몸을 트는 경향이 있다. 이를 고려해 매장 입구 오른쪽에는 주목도를 높이고 구매를 유도할 상품을 배치하는 것이 효과적이다.

그러나 매장 전체 동선은 다르게 설계되어야 한다. **고객은 매장 안으로 깊숙이 들어갈수록 자연스럽게 시계 반대 방향(왼쪽)으로 크게 이동하는 흐름을 보인다. 즉 입구에서는 오른쪽으로 시작하지만 매장 전체를 경험하는 동안에는 왼쪽으로 회전하는 큰 원을 그리게 된다.**[2] 이러한 흐름을 의도적으로 설계하면 고객은 동선에 따라 다양한 상품을 무리 없이 탐색할 수 있다. 강제하지 않고 자연스럽게 이어지는 공간은 고객에게 심리적 편안함을 주고 결과적으로 매장 체류 시간과 구매 전환율을 높이는 데 크게 기여한다.

한편 사람의 시선은 왼쪽에서 오른쪽으로 자연스럽게 흐른다. 이러한 시선의 흐름을 고려해 입구 왼쪽에는 주목성을 높이는 그래픽,

[2] 출처: 《공간이 고객을 만든다》, 김성문, 심교언, 2021

POP, 테마 연출을 배치하고, 오른쪽에는 상품을 집중 전개해 구매로 이어지는 구조를 만드는 것이 중요하다. 이동 동선과 시선 흐름을 전략적으로 설계한 VM은 고객에게 부담 없이 매장을 탐색하는 경험을 제공하고 공간 전체에 걸쳐 상품과 브랜드를 자연스럽게 연결하는 역할을 하게 된다.

> ✷ **보이드 공간**
> 건물 내부에서 천장과 바닥 사이를 비워둔 개방형 공간으로 개방감을 극대화해 공간을 넓어 보이게 한다.

매장의 개방감 역시 중요한 요소다. 넓고 시원한 느낌을 주는 공간은 고객에게 심리적 여유를 주고 매장 체류 시간을 자연스럽게 늘린다. 백화점 매장에서는 천장을 높이고 중앙에 보이드 공간✷을 확보해 전체 공간을 한눈에 볼 수 있도록 설계한다. 이러한 구조는 쇼핑을 편안한 경험으로 인식시키고 매장에 대한 긍정적 인상을 강화한다.

또한, 매장 곳곳에 휴식 공간을 마련해 고객의 피로감을 덜어주는 것도 중요하다. 테이블과 의자, 휴대폰 충전 공간, 무거운 짐을 맡길 수 있는 서비스 등은 쇼핑 과정에서 발생하는 불편을 줄이고 고객이 매장에 머무는 시간을 자연스럽게 연장한다.

쇼핑 경험을 마무리하는 방식 역시 세심하게 설계되어야 한다. 계산대 부근에는 프로모션 상품이나 기분 좋은 가격 혜택을 주는 아이템을 배치해 마지막 순간까지 긍정적인 인상을 심어줄 수 있다.

계산대 소형 제품 배치

정성스러운 포장 서비스, 구매 금액에 따른 사은품 제공, 다음 방문을 유도하는 쿠폰과 마일리지 혜택 등은 쇼핑 경험 전체를 풍성하게 하고 고객의 재방문을 자연스럽게 끌어내는 중요한 전략이 된다.

03
상품은 어떻게 배치해야 할까

구매로 이어지는 공간 구성 전략

레이아웃을 구성할 때 가장 중요한 것은 어떤 상품을 어디에 배치할 것인가에 대한 구체적인 플랜을 세우는 것이다.

주력 상품은 무엇인지 포인트가 되는 상품과 베이직 상품은 어디에 진열할 것인지 등은 상품의 입고 시기, 물량, 시즌 전략 등 MD 플랜과 밀접하게 연관되어 있다. 이를 바탕으로 연계 상품의 진열 방법까지 결정하고 최종적으로 매장 내 진열 수량을 계획해야 한다.

＊ SKU
유닛 컨트롤을 전제로 한 상품 단위. 매장 내 재고품이 선반, 행거, 수납장 등에 진열될 상품의 적정 수량 단위

브랜드 매장의 경우 표준화와 재고 관리를 위해 SKU~Stock Keeping Unit~ ＊ 단위로 진열 계획을 세우기도 한다.

포컬 포인트: 시선이 머무는 지점

상품의 전략적 배치 외에도 레이아웃을 설계할 때 함께 고려해야 할 중요한 VM 요소가 있다. 바로 고객의 시선을 끌고 동선을 유도하는 포컬 포인트 구성이다. 매장 입구와 주요 내부 지점에 매력적인 연출 공간을 설정하는 포컬 포인트는 매장 내에서 고객의 시선을 사로잡고 브랜드의 콘셉트와 주력 상품을 효과적으로 전달하는 시각적 중심 지점이다. 이 포인트는 매장 전체에 걸쳐 하나의 연출 흐름 속에서 통합적으로 설계되며 보통 두 가지 주요 위치에 설정된다. 첫째, 쇼윈도와 입구 메인 스테이지처럼 고객의 시선을 가장 먼저 사로잡는 매장 진입부이다. 그리고 둘째, 내부 벽면이나 동선상에 위치한 지점으로 고객이 자연스럽게 시선을 멈추고 머무르게 되는 공간이다.

이 두 공간은 매장의 첫인상부터 고객의 이동 흐름까지 전체 경험을 유도하는 중요한 포인트다. 실제 실무에서는 각각을 VP~Visual Presentation~, PP~Point of Presentation~로 나누어 부르기도 하지만, 실질적으로는 하나의 포컬 포인트 전략으로 통합적으로 설계하는 것이 더 중요하다.

예를 들어, 쇼윈도와 입구 메인 스테이지는 브랜드의 정체성을 강렬하게 드러내는 시각 중심이며, 내부 벽면이나 통로 중간의 연출 지점은 고객이 머물며 상품에 몰입할 수 있도록 돕는다. 이러한 포인트에는 메인 상품뿐만 아니라 가방·신발·액세서리 등을 조합하여 상품 간 연계성을 높이는 방식으로 구성하면 효과적인 구매 전환으로 이어질 수 있다.

IP Item Presentation: 상품 진열이 판매로 연결

스타일 프레젠테이션Style Presentation으로 아이템별로 수량을 정해 진열하며 매장의 가장 많은 부분을 차지한다. 색의 변화, 스타일, 패턴, 소재별 또는 사이즈별로 정리하여 고객에게 보기 쉽고 고르기 쉬운 매장을 제안하여 판매에 직접 연관되는 부분으로 행거, 선반, 쇼케이스 등에 적용한다.

EP Experience Presentation: 브랜드 가치 전달

매장 내부에 상품을 체험할 수 있는 체험 공간을 조성할 수 있다. 상품을 체험하면 상품에 대해 친근함이 느껴지고 신뢰가 생기며 구매하고 싶은 마음이 들게 된다. 많은 브랜드에서 고객에게 다가가기 위해 EP를 활용하고 있다. 브랜드와 개인의 맞춤형 서비스로 적용할 수 있다.

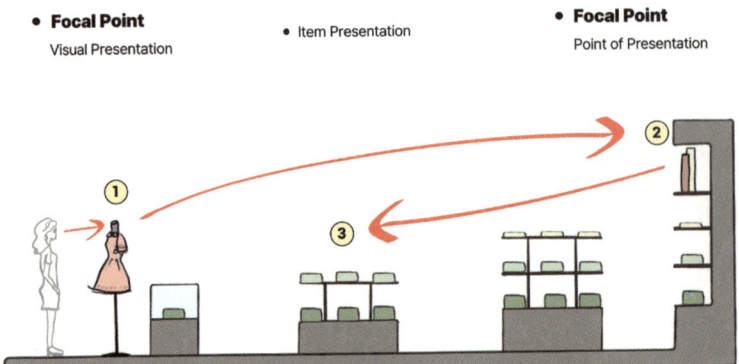

그림 1. 고객의 시선은 입구의 포컬 포인트에서 시작, 벽면 연출 공간을 지나 진열 구역Item Presentation에서 상품을 집중적으로 탐색하며 구매로 이어진다.

구매 결정에 영향을 미치는 상품 배치 전략

새로운 매장을 계획하거나 기존 매장을 리디자인할 때 효과적인 레이아웃 설계는 필수다. 레이아웃은 고객의 쇼핑 경험과 브랜드를 인식하게 하고 구매 결정에도 직접적인 영향을 미친다. 따라서 매장을 설계할 때는 공간 환경, 집기 구성, 상품의 특성, 고객의 심리적 행동 유형을 함께 고려해야 유용한 효과를 얻을 수 있다. 특히 동선을 설계할 때는 심리적 흐름과 물리적 이동 경로를 함께 분석하는 것이 중요하다.

심리학자이자 작가인 파코 언더힐Paco Underhill은 대부분의 고객이 매장에 들어설 때 오른쪽으로 향하고, 왼쪽 방향으로 움직여서 출구로 나온다고 설명했다. 그는 이 현상을 '불변의 오른쪽The Invariant Right'이라고 정의했다.[3] 이를 고려해 매장 입구 오른쪽에 쇼핑 바구니와 카트를 비치하거나 수요가 많은 제품, 프리미엄 상품, 프로모션 상품 등을 오른쪽 벽면에 배치해 브랜드를 알리는 '파워 월Power Wall'* 로 활용하는 전략이 효과적이다.

핵심 상품은 고객 동선 초입에 배치해 매장에 들어오는 순간 눈에 띄게 하고 인기 상품은 가급적 매장 전면부에 배치하는 것이 좋다. 또한, 계산대 근처에는 소형 상품을 진열해 계산을 기다리는 동안 마지막 순간의 충동 구매를 유도할 수 있다. 이러한 동선 설계를 통해 고객은 입구에서 체크아웃까지 자연스럽게 이동하며 매장을 경험하게 된다.

* **파워 월**
고객의 관심을 끌기 위해 시각적으로 매력 있게 설치한 대형 제품 진열대

물론 매장 레이아웃은 면적, 상품 카테고리, 고객 행동 패턴에 따라 세부적으로 달라질 수 있다. 그러나 기본적인 고객 흐름에 대한 이해를 바탕으로 하면 다양한 유형의 레이아웃을 효과적으로 적용할 수 있다.

[3] 출처: 《쇼핑의 과학》, 파코 언더힐, 2021

대표적인 매장 레이아웃 유형은 다음 다섯 가지로 분류할 수 있다.

그리드형Grid Layout: 반듯한 정렬 구조

그리드형은 마트, 편의점, 드럭스토어처럼 상품을 반듯하게 정렬해 놓은 구조다. 집기와 선반이 줄 맞춰 배치되고, 통로는 직선으로 이어져 있어 고객이 한쪽에서 출발해 차례대로 상품을 둘러보며 쇼핑할 수 있도록 설계된다. 우리가 일상에서 가장 많이 접하는 매장 구조다.

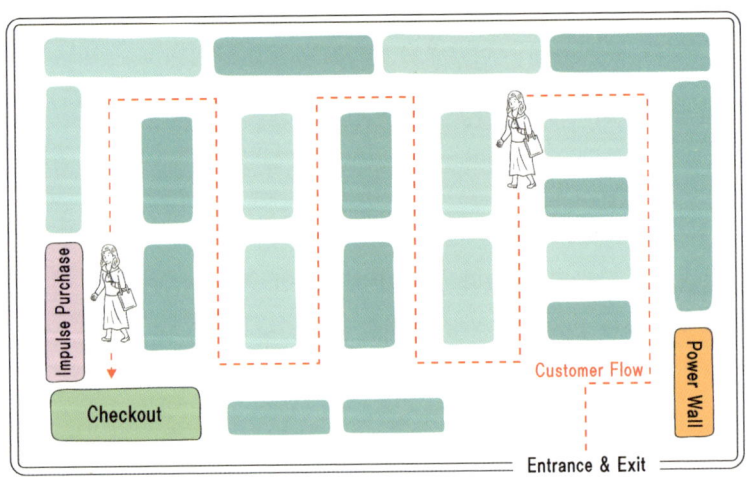

그림 2. 그리드형 레이아웃

그리드형 매장의 주요 효과는 다음과 같다.

- **정리와 관리가 쉽다**: 상품 위치가 고정되어 있어 직원들이 진열하고 재고를 관리하기 편리하며 청소와 유지 관리까지 용이하다. 상품 위치가 고정되어 고객이 필요한 상품을 쉽게 찾을 수 있다. 카테고리별로 구역이 정리되어 있어 원하는 제품을 바로 찾을 수 있다.
- **동선이 정리되어 있다**: 고객이 계획적으로 쇼핑할 수 있어 혼잡하지 않다. 고객이 동선을 따라가면서 자연스럽게 쇼핑한다. 한 방향으로 이동하며 필요한 상품을 담다 보니, 꼭 사려던 것뿐만 아니라 추가 구매 가능성이 커진다. 이때 진열대 중간이나 핫 존에 할인 상품, 행사 상품, 주력 상품, POP 등을 배치하면 충동 구매를 유도할 수 있다.
- **구매 포인트**: 그리드형은 통로가 반듯하고 직선적이라 핫 존과 포컬 포인트를 명확히 끊어 배치해야 한다. 입구 초입, 메인 통로, 계산대 앞에 핫 존을 만들고 직선 이동이 지루해지지 않게 중간중간 포컬 포인트를 제안한다.

루프형 Loop Layout: 전체 상품을 모두 경험

루프형 매장은 '레이스 트랙형' 또는 '강제 경로 매장 Forced Path

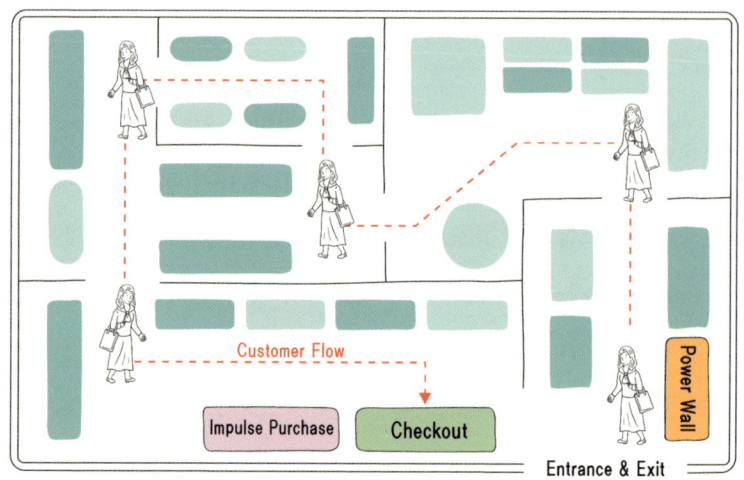

그림 3. 루프형 레이아웃

Store'이라고도 불린다. 고객이 매장 입구에서 출발해 모든 상품 구역을 지나 계산대까지 이르도록 의도적으로 루프 형태의 동선을 설계한다. 이 구조는 고객이 진열된 상품의 대부분을 자연스럽게 접하게 만드는 데 효과적이다. 단, 이동 경로가 비교적 자유롭지 않기 때문에 일부 고객에게는 답답함을 줄 수 있다. 대표적인 사례로 이케아IKEA는 매장 입구부터 출구까지 동선이 끊기지 않고 이어지는 루프형 설계를 적용해 고객의 체류를 유도하고 전체 상품군을 자연스럽게 경험하게 한다.

루프형 매장의 주요 효과는 다음과 같다.

- **상품 노출이 극대화된다**: 고객이 매장을 한 바퀴 도는 동안 다양한 상품을 자연스럽게 접하게 된다. 진열된 상품 대부분을 노출할 수 있어 신상품, 다양한 카테고리 상품을 효과적으로 소개할 수 있다. 라이프스타일별, 테마별로 상품을 연결해 고객의 관심을 이어갈 수 있다.
- **고객 체류 시간이 길어진다**: 이동 경로가 정해져 있어 매장 안에 머무르는 시간이 늘어난다. 고객은 동선을 따라 이동하면서 예정에 없던 상품에도 노출된다. 테마 존, 체험 존을 곳곳에 배치하면 상품 체험과 구매 유도 효과를 높일 수 있다
- **구매 포인트**: 루프형은 동선이 한 방향으로 이어지기 때문에 입구 초입과 루프 출발 지점에 핫 존을 설정하고 루프 중간마다 포컬 포인트를 설치해 흐름을 환기해야 한다. 지나치기 쉬운 구간에도 스토리텔링, 시즌, 테마 연출을 연결해 구매 기회를 확장할 수 있다.

프리플로우형 Free Flow Layout: 자유로운 동선

프리플로우형 매장은 자유로운 흐름을 사용하여 자연스러운 동선을 만든다. 독특한 분위기의 매장이나 소량의 상품을 진열하는 고급 브랜드에 적합하다. 또한 카운슬링을 통한 체험 판매가 이루어지는 성향의 상품 매장에서는 충동 구매를 유도하는 데 유리하다.

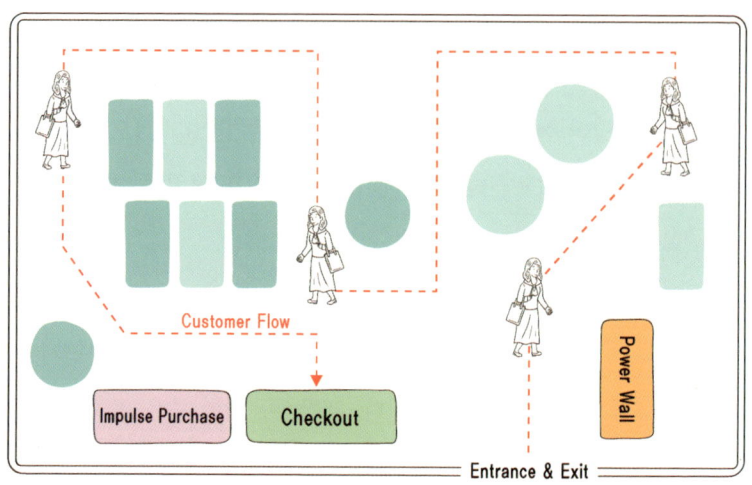

그림 4. 프리플로우형 레이아웃

프리플로우형 매장의 주요 효과는 다음과 같다.

- **자유로운 이동이 가능하다**: 동선에 정해진 패턴이 없어 비교적 작은 공간에도 적합하며 단순하거나 복잡한 설계 모두 가능하다. 원하는 레이아웃을 추가로 조합할 수 있어 유연한 공간 연출이 가능하다.
- **체험 공간 구성이 쉽다**: 제품과 제품 사이에 충분한 공간을 확보해 체험 존, 상담 존 등을 자유롭게 구성할 수 있다. 감성적 브랜드 경험을 강화하는 데 효과적이다.

- **매장 핵심 구조는 유지한다**: 입구 초입 파워 월, 시작 동선, 체크아웃 위치 등은 전략적으로 설계해 고객 흐름을 기본적으로 유도한다.
- **구매 포인트**: 고객 동선이 자유롭기 때문에 핫 존은 입구 근처나 자연스럽게 사람이 모이는 구역에 설정하고 포컬 포인트는 매장 곳곳에 감각적으로 배치해 작은 멈춤을 만든다. 체험 공간과 테마 존을 연결해 고객의 탐색을 유도하면 매장 체류 시간을 효과적으로 늘릴 수 있다.

Z형 Z-Shaped Layout : 많은 상품을 한 번에

Z형 매장은 고객이 매장을 통과할 때 더 많은 상품을 노출할 수 있도록 비스듬히 설계된 동선 구조다. 그리드 레이아웃을 변형한 형태로 자연스럽게 고객을 계산대 방향으로 안내하며 매장 전체를 고르게 둘러보게 만든다.

Z형 매장의 주요 효과는 다음과 같다.

- **매장 순환이 자연스럽다**: 대각선 형태의 동선으로 고객 이동이 활발해지고 대부분의 제품을 놓치지 않고 볼 수 있다. 특히 카운터가 매장 중앙에 있는 경우 대각선 동선 덕분에 사각지대가 줄

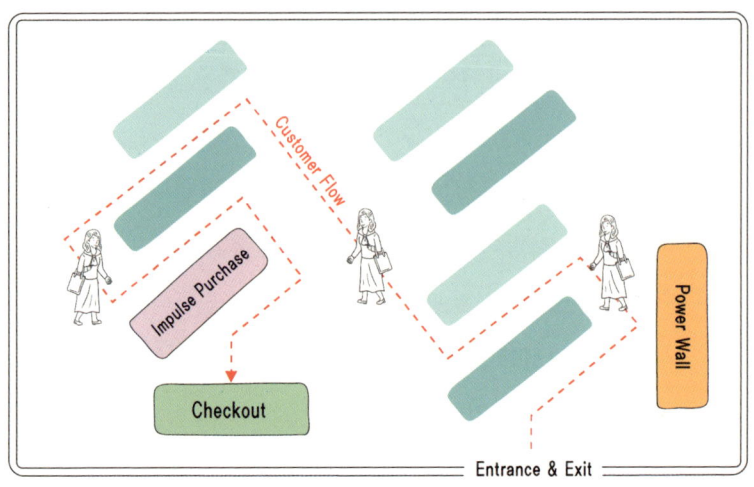

그림 5. Z형 레이아웃

어들어 공간 관리와 보안에도 유리하다.
- **시선 이동이 다양하다**: 방향 전환이 많아 고객의 시선이 끊임없이 움직인다. 상품 전개를 대각선 구간에 맞춰 다양하게 연출할 수 있어 계획 구매와 충동 구매를 모두 유도할 수 있다.
- **구매 포인트**: Z형 동선은 입구와 Z자로 꺾이는 지점마다 핫 존을 설정하고, 직선 구간 중간에는 포컬 포인트를 배치해 이동 리듬을 유지해야 한다. 그래픽 월, 시즌 디스플레이, 이벤트 존 등을 활용해 중간중간 시선을 끌면 자연스러운 흐름과 추가 구매를 유도할 수 있다.

믹스형 Mix Layout: 다양한 배치를 조합

매장을 구성할 때 하나의 레이아웃만 고집할 필요는 없다. 믹스형은 다양한 레이아웃 요소를 조합해 유연하고 매력적인 매장 경험을 만드는 방식이다. 여러 구조를 결합하면 고객이 한쪽에서 다른 쪽으로 자연스럽게 이동하도록 유도할 수 있다.

믹스형 매장의 주요 효과는 다음과 같다.

- **다양한 레이아웃을 결합할 수 있다**: 매장 바깥쪽은 루프형으로 시작하고 중앙에는 그리드형이나 프리플로우형을 적용하는 등 자유롭게 조합할 수 있다. 대형 백화점은 에스컬레이터 이동을 시작으로 메인 통로와 다양한 레이아웃을 연결해 고객이 넓은 매장을 골고루 둘러볼 수 있도록 설계한다.
- **고객 경험에 리듬을 줄 수 있다**: 동일한 패턴을 반복하지 않고 공간마다 다른 분위기와 이동 흐름을 만들어 고객의 피로감을 줄이고 탐색 욕구를 자극할 수 있다.
- **구매 포인트**: 믹스형은 각 레이아웃 구간의 특성을 살려 핫 존과 포컬 포인트를 전략적으로 다르게 설정해야 한다. 루프형 구간에는 입구와 출발 지점에 핫 존을 만들고 프리플로우형이나 그리드형 구간에는 이동 흐름에 맞춰 포컬 포인트를 배치해 공간

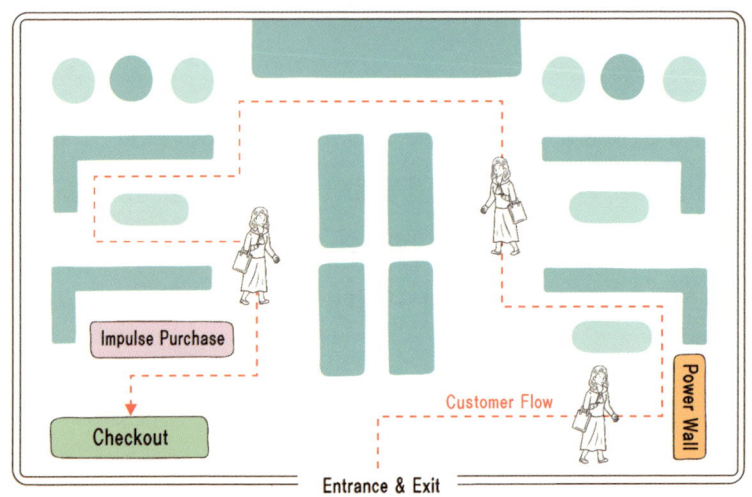

그림 6. 믹스형 레이아웃

별로 자연스러운 리듬감을 형성한다.

빠르고 쉽게 매장을 재구성하는 모듈형 설계 전략

모듈형 설계는 VM에서 매우 중요한 개념으로 매장 레이아웃을 유연하고 효율적으로 구성할 수 있는 방법이다. 매장 공간을 특정 기능이나 상품 카테고리에 맞춰 여러 개의 독립적인 모듈로 나누어 설계하고 이를 조합해 자유롭게 변형할 수 있도록 한다.

모듈형 레이아웃은 시즌, 트렌드, 프로모션 변화에 따라 매장을 쉽고 빠르게 재구성할 수 있다는 강점이 있다. 고객 동선과 행동 패턴에 맞춰 모듈을 배치해 탐색이 편리한 환경을 만들 수 있으며, 각 모듈은 고객의 관심을 유도하는 역할도 수행한다. 예를 들어, 연말 시즌에는 기프트 존이나 체험 존을 추가해 매장 분위기를 빠르게 전환할 수 있다. 세포라Sephora는 신상품 출시 때 테스터 존을 재구성해 상품 입고와 동시에 프로모션을 효과적으로 알리고 있다.

각 모듈은 브랜드 아이덴티티와 일관된 디자인을 유지해야 하며 전체 매장과 조화를 이루도록 마감 처리를 고려해야 한다. 이동이 쉽도록 캐스터를 부착하는 것도 유용한 방법이다. 브랜드들은 이를 표준화해 시뮬레이션 시스템으로 매장 레이아웃을 주기적으로 교체하며 운영 효율을 높이고 있다.

고정된 벽장에서도 모듈형 사고를 적용할 수 있다. 벽장 내 선반과 행거의 위치를 조정해 시즌에 따라 상품의 길이나 수량에 맞춰 유연하게 활용하는 방식이다. 예를 들어, 재킷과 팬츠를 진열하던 벽장을 선반과 행거를 조정해 원피스나 롱패딩 진열이 가능하도록 전환하는 식이다. 이동 가능한 테이블, 행거, 스툴 등 집기도 폭과 높이를 조정해 위치를 바꾸는 것만으로 손쉽게 매장 분위기를 변화시킬 수 있다.

자라ZARA, H&M 같은 SPA 브랜드는 시즌별로 집기 배치를 변경해 신상품을 강조한다. 새로운 컬렉션이 출시될 때마다 디스플레이 테

모듈형 중앙집기와 벽장 사례

벽면 모듈 집기와 이동이 용이한 시스템 테이블로 구성

잘 팔리는 매장의 비밀

이블이나 행거를 재배치하고, 새로운 디스플레이 요소를 추가해 고객의 관심을 지속적으로 끌어낸다. 또한, 팝업 스토어, 플래그십 스토어, 멀티브랜드 스토어 등에서는 이동과 변형이 쉬운 모듈형 집기를 적극 활용한다. 높고 낮은 버전, 폭이 넓고 좁은 버전의 집기를 조합해 다양한 레이아웃을 구성하고 별다른 시공 없이 빠르게 세팅하거나 변경할 수 있다. 이동과 운반이 편리하고 창고 보관도 수월한 것이 특징이다.

모듈형 레이아웃에 조명과 디지털 사이니지Digital Signage*를 가변적으로 배치하여 공간 활용성을 높일 수 있다. LED 조명 트랙 시스템으로 조명의 위치를 쉽게 조정 가능하며 디지털 사이니지를 활용하면 콘텐츠를 자유롭게 변경할 수 있다. 프로모션이나 상품 정보를 쉽게 업데이트하여 고객의 관심을 지속적으로 모으는 것도 가능하다. 무신사 스토어는 팝업 스토어마다 유동적인 디지털 콘텐츠 배치로 각 매장의 특징을 강조한다. 많은 스포츠 브랜드에서 가변형 선반 시스템과 조명 위치 조정으로 진열 상품의 테마에 따라 구조를 변경하여 효율적으로 관리하고 있다.

모듈형 설계는 쉽게 재구성할 수 있지만 집기의 재고와 유지 관리, 업데이트가 필요하다. 설계와 설치의 초기 비용이 발생할 수 있으나 장기적으로는 유연성과 효율성을 통해 비용 절감 효과를 기대할 수 있다.

* **디지털 사이니지**
디지털 정보 디스플레이$_{DID}$를 이용한 광고판으로 영상 콘텐츠나 이미지 전달 중심 광고를 시간대별로 번갈아 노출한다.

ABILITY

PART 2

Color Matters

색과 빛으로
고객의 마음을
움직이다

✳

리테일 환경의 변화는 이제 '어떻게 연출할 것인가'보다 '어떻게 경험하게 할 것인가'에 초점이 맞춰지고 있다. 이러한 흐름 속에서 브랜드들은 각자의 방식으로 공간의 콘셉트와 메시지를 전달하기 위한 다양한 시도를 이어가고 있다. 구조, 동선, 디스플레이 등 수많은 요소가 복합적으로 작용하지만 사람들의 발걸음을 멈추게 만드는 공간에는 하나의 공통점이 있다. 가장 먼저 시선을 사로잡는 것은 구조도 배치도 아닌 '색과 빛'이다. 공간에 스며든 색과 빛의 기운은 감각을 깨우고, 고객은 그 감각의 이끌림 속에서 경험을 시작한다.

기억에 오래 남는 공간을 떠올려 보면 공통적으로 '색과 빛이 주는 흥미와 새로움'이 있다. 사람들은 처음 마주한 색에 이끌려 걸음을 멈추고, 빛이 만들어내는 분위기 속에서 브랜드와의 첫 만남을 경험한다. 많은 사람의 기억 속에도 그 순간의 감정은 선명한 색감과 섬세한 조명의 이미지로 남아 있다.

색과 빛은 매장 안에서 고객의 시선과 행동을 이끄는 명확한 역할을 한다. 매장에 들어서는 순간 고객과 가장 먼저 소통하는 요소는 색이며, 이 색이 공간 전체의 분위기를 결정짓는다. 이어지는 조명은 상품 고유의 색을 선명하게 살리고, 질감과 디테일을 더욱 입체적으로 부각시킨다.

색의 명도와 채도, 따뜻함과 차가움은 공간의 감도를 섬세하게 조율하고, 조명의 각도와 그림자는 상품 하나하나에 시선을 집중시킨다. 이처럼 색과 빛의 시각적 질서는 고객의 시선을 머무르게 하고 자연스럽게 동선을 유도하며 상품과의 접점을 분명하게 만든다.

그 중심에는 언제나 '색'이 있다. 색은 한눈에 공간의 성격을 인지하게 만들고, 그 안에서 경험하게 될 감정과 분위기를 미리 예측하도록 돕는다. 멀리서도 쉽게 감지되는 색은 굳이 가까이 다가가지 않아도 매장의 분위기를 직관적으로 전달한다. 사람들은 구조나 디자인보다 먼저 색에 본능적으로 반응한다. 반대로, 쉽게 지나치게 되는 공간은 대부분 색과 조명의 설계가 약하거나, 브랜드의 정체성이 일관되지 않은 경우가 많다.

상품의 디테일과 구조는 가까이에서야 비로소 보이지만 색은 멀리서도 공간 전체를 설명한다. 바로 이 빠르고 직관적인 반응이 고객의 발걸음을 멈추게 하고 매장으로 이끄는 중요한 출발점이 된다. 즉 고객과 가장 먼저 소통하는 요소는 제품의 디테일도, 브랜드 메시지도 아닌 바로 '색'이다.

그렇기에 컬러 마케팅은 감각적 선택을 넘어서는 철저히 계산된 전략이어야 한다. Pantone Color Institute의 연구에 따르면 소비자의 약 90%가 제품 평가 시 색상을 최우선 기준으로 삼으며, 브랜드와 조화롭게 어우러진 색상을 사용할 경우 인지도가 최대 80%까지 상승한다고 한다. 따라서 매장의 컬러 팔레트, 상품 진열 방식, 조명 설계와 공간의 전체적인 톤이 하나의 일관된 흐름으로 연결될 때 브랜드의 메시지와 분위기는 더욱 분명하고 오래 기억될 수 있다.

하지만 색만으로는 충분하지 않다. 색이 고객의 시선을 끌어왔다면 빛은 그 시선을 붙잡아 머무르게 하는 역할을 한다. 같은 색이라도 조명의 온도와 방향에 따라 전혀 다른 인상을 남긴다. 따뜻한 빛 아래에서 부드럽고 풍성하게 느껴지던 색이 차가운 빛 아래에서는 긴장되고 날카로운 이미지로 변할 수 있다. 이처럼 빛은 색의 감정적 표정을 바꾸고 상품의 질감을 강조하며 공간에 깊이감을 더한다.
은은한 조명은 고객의 머무름을 길게 만들고 선명하고 강렬한 조명은 빠른 선택과 행동을 유도한다. 색이 브랜드의 이야기를 시작한다면 빛은 그 이야기를 고객의 기억 속에 각인시킨다. 고객이 매장을 떠난 후에도 다시 그 장소를 떠올리게 만드는 것은 언제나 색과 빛이 만들어낸 인상이다.

색과 빛을 통해 고객의 감각을 설계하는 것은 고객과의 장기적인 관계를 형성하는 전략적인 행위다. 고객의 기억과 감정 속에 브랜드의 고유한 인상을 깊이 새기는 가장 강력한 방법이 바로 색과 빛에 대한 신중한 설계와 연출이다.

01
고객의 감정을 디자인한다

컬러로 고객의 감성을 자극하다

이탈리아 데님 브랜드 'DIESEL(디젤)'은 오랫동안 블랙과 화이트를 활용해 프리미엄 콘셉트를 유지해왔다. 하지만 코로나 팬데믹은 브랜드 인식의 흐름을 바꿔놓았고 고객과의 접점은 점차 희미해졌다. 디젤은 정체성을 재정립해 다시금 사람들의 마음을 사로잡을 공간적 언어가 필요했다. 그 전환점은 2021년부터 시작된 브랜드 리노베이션이었다. 그리고 2024년, 도쿄의 한 쇼핑몰에서 마주한 디젤의 새로운 매장은 그 변화의 정점을 보여주었다.

리뉴얼 전(2020년 이전) 디젤 매장[4]

리뉴얼 후(2021년 이후) 디젤 매장

4 　　　출처: fasionnetwork

익숙했던 블랙과 화이트를 벗어던지고, 매장은 강렬한 레드로 완전히 탈바꿈했다. 입구에 가까워질수록 붉은색이 점점 시야를 채워왔다. 어느 순간 시선만이 아니라 감정까지 끌려 나도 모르게 매장 안으로 발걸음을 옮기고 있었다.

시그니처 컬러를 전면에 집중 배치한다

강렬한 빨간색이 전하는 에너지와 열정적인 분위기는 고객의 시선을 단번에 끌어당기며 자연스럽게 매장 안으로 이끌었다. 내부로 들어선 고객은 본능적으로 상품을 탐색하게 되고, 공간 전체를 감싸는 선명한 레드와 화이트 로고의 대비는 한동안 잊었던 '디젤'이라는 브랜드를 다시 강하게 각인시킨다. 디젤 특유의 자신감과 에너지가 시각적으로, 그리고 직관적으로 공간에 퍼지고 있었다. 특히 컬러를 중심에 둔 과감한 비주얼 머천다이징은 매장을 향한 관심을 끌어올리며 브랜드에 대한 새로운 경험을 자연스럽게 확장시켰다.

도쿄 시부야 스크램블 스퀘어에서 인상 깊었던 매장은 디젤만이 아니었다. 케이트 스페이드 매장에서는 패키지 컬러를 활용한 장면 연출이 눈에 띄었다. 매장 한쪽에는 그린 컬러의 박스들이 오브제로 배치되어 공간에 리듬을 만들었다. 마침 직원과 이 패키지 색상에 대해 이야기를 나누던 중 케이트 스페이드가 팬톤Pantone과 협업해 브랜의 시그니처 컬러를 새롭게 제안했다는 사실을 알게 되었다.

컬러로 브랜드를 드러낸다

케이트 스페이드 뉴욕kate spade NEW YORK은 브랜드 30주년을 맞아 시그니처 컬러와 패키징 시스템을 전면 리뉴얼했다. 새롭게 설계된 패키징 시스템은 두 가지 리본, 네 종류의 포장지, 세 가지 토트백, 다양한 형태의 박스를 조합해 수백 가지 방식으로 구성할 수 있도록 유연하게 설계되었으며, 각 요소에는 브랜드 로고가 고급스럽게 엠보싱 처리되어 있다. 이러한 조합의 다양성은 고객에게 매번 새로운 언박싱 경험을 선사하고, 그 안에서 고객은 매 순간 신선함과 기대감을 느끼며 브랜드와 감정적으로 연결된다.

특히 지속 가능한 소재를 활용하고 색과 형태, 사용 방식까지 정교하게 설계된 점에서 디자인적 완성도를 인정받았다. 2024년 이 리브랜딩Rebranding 프로젝트는 ADC 어워드Art Directors Club Awards 패키징 디자인 부문에서 수상하며 국제적으로 주목받았다.

도쿄 매장에서 새롭게 만난 케이트 스페이드는 패키징 색상을 매개로 브랜드를 새롭게 재정의했고 그 전략은 정체성과 지속 가능성을 함께 담은 시도로 이어졌다. 이 유연한 시스템은 앞으로도 브랜드의 일관된 인상을 만들어갈 기반이 될 것이다.

kate spade NEW YORK의 패키징 디자인[5]

잘 팔리는 매장의 비밀

디젤의 강렬한 레드와 케이트 스페이드의 시그니처 그린처럼, 브랜드 색상은 한눈에 기억되고 감정을 움직이는 언어다. 특히 시그니처 컬러는 브랜드의 태도를 직관적으로 보여주며 공간에서는 고객의 머무름과 구매로 이어지는 강력한 장치가 된다(브랜드 색상은 '02 고객은 컬러로 브랜드를 기억한다'에서 자세히 다룬다).

컬러 배열로 구매 의욕을 자극한다

브랜드의 시그니처 컬러가 고객의 감정을 움직이고 정체성을 각인시키는 언어라면, 공간 속 컬러의 배치는 그 감정을 더욱 깊고 섬세하게 전달하는 방식이다. 공간과 상품 전개에서 색을 어떻게 조합하고 배열하느냐에 따라 매장이 주는 인상과 고객의 반응은 전혀 다른 결과로 이어질 수 있다.

특히 시즌 디스플레이나 프로모션, 이벤트처럼 고객의 시선을 효과적으로 집중시켜야 하는 연출에서는 컬러 활용 방식이 더욱 중요해진다. POP, 연출 소품, 진열 전반에 이르기까지 색이 통일된 흐름을 이룰 때 고객은 매장 안에서 브랜드가 전달하고자 하는 메시지를 더욱 명확하게 받아들인다. 반대로 컬러가 일정한 패턴 없이 혼재되면 시각

5   출처: THE ONE CLUB FOR CREATIVITY

적 집중이 흐트러지고 상품의 인상 또한 쉽게 약화될 수 있다.

    이와 같이 공간에서 색의 질서는 매장 분위기와 고객 경험을 유연하게 이끌어주는 역할을 한다. 색이 질서 있게 전개될 때 그것은 공간과 상품, 그리고 고객의 감각을 부드럽게 연결하며 브랜드의 세계관을 체험하게 하는 하나의 흐름이 된다. 이러한 일관된 컬러 구성은 상품을 빠르게 인식하고 비교할 수 있게 하며 선택의 과정에서 구매로 이어지는 고객 여정을 자연스럽게 설계한다.

    그렇다면 매장에서는 색을 어떻게 전개해야 할까?

    컬러는 감정을 가장 빠르게 자극하는 요소다. 하지만 색상 자체만으로는 고객의 행동을 이끌기 어렵다. **어떤 색을 어떤 흐름으로 보여주고, 공간 속에 어떻게 배열하느냐에 따라 감정의 방향과 깊이, 상품을 고르는 즐거움, 그리고 구매 의욕까지 달라진다.** 결국 색의 배치와 연출 방식이 고객의 시선을 머무르게 하고 선택의 순간까지 영향을 준다.

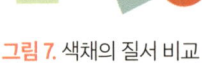

그림 7. 색채의 질서 비교

이 차이는 두 가지 다른 이미지를 비교해보면 더욱 분명하게 드러난다. [그림 7]의 왼쪽은 다양한 색상과 형태가 뒤섞여 있어 다채롭고 풍성해 보일 수는 있지만, 시선이 어디에 머물러야 할지 모를 만큼 산만한 인상을 준다. 형태와 색이 얽혀 있어 각각의 개성도 뚜렷하게 드러나지 않고 오히려 컬러의 매력이 흐려질 뿐이다. 반면, 색상과 형태를 조화롭게 정돈해 배열한 오른쪽은 전혀 다른 분위기를 전달한다. 고객은 그 안에서 일정한 리듬과 흐름을 느끼고 자연스럽게 시선이 이끄는 대로 공간과 상품을 탐색하게 된다. 그림에서처럼 색이 질서 있게 놓여 있을 때 상품은 더 뚜렷하게 보이고 비교와 선택도 한결 쉬워진다. 색과 형태가 질서 있게 진열되고 연출될 때 공간에는 시각적 안정감이 형성된다. 이러한 정돈된 분위기는 고객의 감각을 서서히 깨우고 선택에 대한 망설임을 줄이며 구매 행동으로 이어질 가능성을 높여준다.

즉 색이 명확한 규칙과 질서를 가지고 배열될 때 상품은 고객에게 더 또렷하게 인식되고 시선을 분산시키지 않아 선택이 쉬워진다. 시즌 디스플레이나 프로모션과 같은 연출에서도 POP, 포스터, 안내판 등 모든 시각적 요소가 하나의 컬러 흐름 안에서 질서 있게 배열될 때 그 진가를 발휘한다. 이렇게 정돈된 색의 구조는 신뢰감을 주는 매장 이미지를 만들고 브랜드의 메시지를 더욱 분명하게 각인시키는 강력한 시각적 수단이 된다.

색의 조화와 대비로 고객의 시선을 사로잡는다

색의 조화와 대비는 고객의 시선을 사로잡는 가장 효과적인 시각 전략이다. 먼저, 색의 조화는 공간에 안정감과 균형을 부여해 고객이 편안하게 머무를 수 있는 분위기를 만든다. 유사한 색조를 톤온톤으로 연결하거나 동일 계열의 색상을 반복적으로 배열하면 매장 전체에 통일감이 형성된다. 이런 색의 흐름은 시선을 부드럽게 이끌고 상품을 차분히 둘러보게 만든다. 반면, 색상 대비는 단숨에 주목도를 높여 고객의 시선을 강하게 끌어당긴다. 특히 서로 반대되는 보색 대비를 전략적으로 활용하면 브랜드가 강조하고 싶은 상품이나 프로모션이 더욱 선명하게 각인된다.

다만, 대비 컬러가 지나치게 많거나 강하고 색이 무질서하게 배치되면 공간은 오히려 산만해지고 고객의 몰입을 방해할 수 있다는 점을 기억해야 한다. 그래서 매장에서는 조화로운 색 구성 속에서 대비를 적절히 섞는 리듬감 있는 색 배열이 필요하다. **색의 조화는 머무름을 만들고 색의 대비는 집중을 유도한다.** 두 요소가 균형을 이룰 때 고객은 상품을 더 흥미롭게 탐색하고 매장 전체에서 브랜드가 전하고자 하는 분위기와 스타일을 자연스럽게 느끼게 된다.

하나의 컬러로 공간을 연결한다

상업 공간에서 색상은 상품, 인테리어, 오브제가 하나의 톤으로 어우러질 때 브랜드의 인상을 더욱 선명하게 만든다. 특히 파사드, 집기, 상품의 색이 매장 내부 요소들과 자연스럽게 어우러질수록 공간은 조화를 이루고 통일감 있는 분위기 속에서 고객은 보다 편안하게 쇼핑을 즐길 수 있다.

도쿄 신주쿠역에 있는 치즈 쿠키 전문점은 공간 전체를 치즈를 연상시키는 노란색으로 일관되게 연출했다. 디스플레이, 패키지, 소품까지 모든 요소가 노란색 계열로 조화롭게 구성되어 있어 고객은 매장에 들어서는 순간 무엇을 파는 곳인지 즉시 인식하게 된다. 이처럼 색과 공간이 하나의 메시지로 연결되면 고객은 브랜드의 정체성을 자연스럽게 받아들이고 제품에 대한 인상도 훨씬 또렷하게 남는다.

컬러의 조합으로 브랜드 이미지를 전달한다

매장에서 색의 효과를 극대화하려면 무엇보다 공간 전체의 색 조합으로 브랜드 이미지를 어떻게 전달할지를 고려한 설계가 필요하다. 색상이 어떤 방식으로 배치되느냐에 따라 공간의 분위기는 물론, 고객이 브랜드를 받아들이는 인상과 감각적 경험도 달라지기 때문이다.

하나의 색조: 도쿄 신주쿠역 치즈 쿠키 매장

색상 배치: 도쿄 하라주쿠 3COINS [6]

출처: www.bosco-inc.co.jp

도쿄 하라주쿠의 3COINS 매장이 대표적인 사례다. 매장 전체를 감싸는 그레이 톤을 기본으로 라이프스타일을 지향하는 녹색 계열의 집기들이 벽면 쪽에 배치되어 있다. 덕분에 고객은 자연스럽게 벽면의 상품 카테고리에 집중하게 되고 매장 중앙의 테이블 집기에서는 카테고리별로 제안된 상품들을 보다 직관적으로 살펴볼 수 있다. 색상에 따라 집기를 구분하고 배치하는 구성은 공간에 균형감을 부여할 뿐 아니라 고객의 시선 흐름과 동선을 자연스럽게 이끄는 역할을 한다. 여기에 상품, 조명, 집기가 조화롭게 어우러지면 브랜드의 분위기와 상품의 가치는 더욱 분명하게 시각화된다.

3COINS는 합리적인 가격대를 유지하면서도 색상 배치 전략을 통해 '감각적인 라이프스타일 브랜드'라는 인상을 고객에게 자연스럽게 각인시킨다. 상품 자체의 디자인 완성도와 공간 연출의 조화가 어우러지면서 가격 이상의 가치를 전달하는 데 성공하고 있다.

색의 대비로 상품을 강조한다

색의 대비는 두 가지 이상의 색이 서로의 특성을 더욱 뚜렷하게 드러냄으로써 시각적인 긴장감을 만드는 효과를 낸다. 보색 대비뿐 아니라 색상, 명도, 채도 간의 대비 모두 비주얼 머천다이징에서 중요한 전략으로 활용된다.

이러한 대비는 고객의 시선을 특정 상품에 집중시켜 매장에서 강조하고자 하는 구역이나 아이템을 부각하는 데 효과적이다. 단, 벽면이나 바닥, 집기 등 배경 요소에 과도한 색 대비를 사용하면 오히려 시선이 분산될 수 있다. 이럴 경우에는 상품 자체의 색을 활용하거나 보조 도구를 이용해 미묘한 대비를 조성하는 방식이 더 효과적이다.

신선식품 매장은 색 대비의 효과가 가장 직관적으로 드러나는 공간이다. 많은 매장이 과일이나 채소를 종류별로 모아 진열하지만 비슷한 색과 형태가 이어지면 상품의 개별성이 쉽게 묻힌다. 예를 들어, 오렌지 옆에 자몽을, 오이 옆에 애호박을 배치하면 각각의 특징이 흐려지기 쉽다. 이럴 땐 형태나 색이 적절히 다른 품목을 나란히 배치해 각 상품이 독립적으로 돋보이도록 구성하는 것이 효과적이다. 색 대비를 전략적으로 활용해야 고객은 상품 정보를 더욱 직관적으로 받아들이고 상품의 신선함이나 특성을 생생하게 느낄 수 있다. 그 감각적인 경험은 자연스럽게 구매 욕구로 이어지게 된다.

상품 자체의 대비 외에도 신상품이나 할인 상품 앞에 붉은색 와블러$_{\text{wobbler}}$(돌출형 소형 POP)나 POP$_{\text{Point of Purchase}}$를 배치하면 주변과의 색 대비를 통해 상품을 빠르게 인식시키고, 고객의 시선을 효과적으로 유도할 수 있다.

상품 자체의 색을 활용해 대비를 만든 진열은 각 품목의 특징을 더욱 또렷하게 부각한다.

붉은 와블러를 이용해 주변과 색 대비를 주어 프로모션 상품을 빠르게 인식시키는 사례로 보조 도구를 활용한 대비 전략이 효과적으로 적용되었다.

컬러로 고객의 행동을 디자인한다

런던에서 방문한 매장 중 브랜드와 공간이 가장 또렷하게 각인된 곳은 '이탈리Eataly'였다. 마켓과 레스토랑을 결합한 이탈리는 국내에도 입점해 있지만 런던과 파리에서 경험한 공간은 규모나 카테고리 구성, 비주얼 머천다이징의 완성도 면에서 확연히 다른 인상을 남겼다. 특히 매장 전체가 색과 공간의 조화를 기반으로 설계되어 고객이 자연스럽게 움직이며 공간을 탐색하도록 유도하는 구성이 인상 깊었다.

공간의 흐름을 유도한다

이탈리는 전통적인 마켓과 달리 색채와 공간 구성 전반이 고객의 동선과 체류를 세심하게 설계해 매장 전체가 유기적으로 연결된 하나의 브랜드 경험처럼 느껴졌다. 입구에서는 높은 천장과 개방감을 강조한 붉은색 로고의 'illy 카페'가 시선을 붙잡고, 내부로 이어지는 길목은 화려한 조명이 더해진 아치형 구조로 구성되어 앞으로 펼쳐질 공간에 대한 기대감을 자연스럽게 끌어냈다.

이어지는 베이커리 존은 벽돌색 톤을 바탕으로 내추럴한 분위기를 강조했으며, 셰프들이 반죽을 준비하는 현장감 있는 퍼포먼스가 고객의 체류 시간을 늘리는 역할을 했다. 조리 과정은 보는 즐거움과 체험

고객의 시선을 끄는 반죽에 집중한 제빵사의 손끝 풍경

높은 천장 구조와 나무 선반이 연결된 매장 입구, 고객의 체류를 유도하는 분위기 형성

요소를 동시에 제공하며 매장 전체에 몰입감을 더했다. 주변은 우드 톤과 식물 장식으로 구성된 유럽 감성의 F&B 브랜드들이 자연스럽게 연결되어 고객이 매장을 거닐며 음식과 문화의 흐름을 오롯이 경험할 수 있도록 설계되었다.

2층에 오르면 본격적인 마켓 공간이 펼쳐진다. 6,000개 이상의 이탈리아 식재료가 진열되어 있으며 지역별 특산물을 한눈에 만날 수 있도록 카테고리별로 구분해 구성했다. 공간을 이동할 때마다 새로운 색채와 시각적 즐거움이 이어지고, 마켓과 연계된 다이닝 공간 'Pasta e Pizza'에서는 전통 파스타와 피자 요리를 직접 체험할 수 있어 이탈리의 철학과 브랜드 세계관을 오감으로 느낄 수 있는 공간으로 완성도를 높였다.

상품에 집중하게 한다

고객의 시선을 사로잡는 방법 중 하나는 상품 패키지의 색을 적극적으로 활용한 VM 전개다. 이탈리 매장은 따뜻한 우드 톤을 배경으로 카테고리별 특성을 반영한 집기 배치를 통해 고객이 공간을 자연스럽게 흐르듯 이동할 수 있도록 설계되어 있다. 다채로운 패키지 색상은 우드 톤과 화이트 집기 위에 카테고리별로 조화롭게 진열되어 매장 전체에 시각적 리듬을 만들고 공간에 은은한 활기를 더했다. 특정 상품만을 강조하기보다는 전체 분위기 안에서 각 제품이 자연스럽게 드러나도록 구성한 점이 특히 인상 깊다.

상품 정보를 전달하는 그래픽 패널이나 카테고리 가이드 패널, 디스플레이 연출은 고객의 시선을 머물게 하고 탐색을 유도하는 데 중요한 역할을 한다. 시각적 장치를 통해 상품에 적절한 강조를 더하면 고객은 제품을 더 깊이 관찰하고 정보를 인식하며 자연스럽게 구매 행동으로 이어진다. 특히 강한 색을 절제하면 오히려 상품 자체의 존재감이 더욱 선명하게 드러난다. 자연에 가까운 편안한 색조는 매장 전체를 부드럽게 감싸며 상품의 구성과 가치를 명확하게 전달하는 배경이 된다.

몰입감을 준다

고객이 상품에 집중하도록 유도하려면 상품 그 자체의 색을 활용해 진열하고 연출하는 것이 가장 효과적이다. 이때 집기나 소도구의 색이 지나치게 강하면 오히려 상품의 존재감이 묻힐 수 있다. **공간 안에서 주체는 언제나 상품이어야 하며, 이를 위한 배경과 장치는 그 흐름을 자연스럽게 받쳐줘야 한다.**

그런 점에서 이탈리는 절제된 색의 조율이 돋보이는 매장이다. 우드톤을 기반으로 오브제와 연출 포인트가 리듬감 있게 배치되어 있으나 상품보다 앞서지 않는다.

이탈리 신선식품 공간

가공식품 공간

잘 팔리는 매장의 비밀

런던 이탈리의 가공식품 존. 정갈한 중심 진열에 다양한 이탈리아 식재료가 구성되어 있다.

　브랜드 콘셉트를 담은 우드 박스는 시각적 흐름을 더해 고객의 시선을 자연스럽게 이끈다.
　절제된 색채 운용과 정돈된 공간 구성은 고객의 머무름과 이동을 자연스럽게 유도하기 때문에 브랜드의 분위기를 감각적으로 경험하게 만드는 데 효과적이다. 이탈리는 절제된 색으로 공간을 조율하며 브랜드의 분위기를 효과적으로 풀어낸 대표적인 사례다.

02

고객은 컬러로 브랜드를 기억한다

브랜드 컬러에 대한 이야기 역시 런던에서 마주한 또 다른 브랜드 경험으로 이어진다.

런던 거리에서 마주한 아마존 프레시 매장은 기존 아마존이 보여주던 남색 계열의 브랜드 이미지와는 전혀 다른 분위기를 자아냈다. 무인 식품 매장이라는 특성에 맞춰 밝은 녹색을 파사드와 입구에 적용해 고객이 매장에 들어서기 전부터 '신선한 식품을 파는 곳'이라는 인상을 받을 수 있도록 했다.

이 색채 전략은 매장 내부에서도 일관되게 유지된다. 시그니처 컬러로 꾸며진 입구에는 아마존의 무인 자동 결제 시스템인 '저스트 워

런던 아마존 프레시 파사드

저스트 워크 아웃 게이트

아마존 프레시 매장 내부

크 아웃Just Walk Out'이 적용되어 있다. 고객은 앱이나 카드로 입장을 인증한 후, 상품을 선택해 그대로 매장을 나가면 자동으로 결제가 이루어진다. 입장부터 계산까지 전 과정이 무인으로 운영되는 이 시스템은 진열대와 벽면, POP 등 주요 시각 요소와 함께 동일한 색상을 반복적으로 사용해 매장 전체가 하나의 브랜드 언어로 구성되어 있다는 인상을 준다.

==브랜드가 효과적으로 색을 활용하면 로고의 색상이나 공간의 분위기만으로도 브랜드의 정체성이 직관적으로 전달된다. 나아가 공간 전체를 하나의 특별한 경험으로 인식하게 만들며, 색은 무의식 깊숙한 감정과 기억의 층위까지 스며들어 매장을 오래도록 기억에 남는 장소로 바꿔놓는다.== 이것이 바로 브랜드가 색을 통해 소비자와 소통하는 방식이다.

그렇다면 브랜드는 어떤 기준으로 색을 선택하고 브랜드의 개성을 어떻게 드러낼까? 지금부터 브랜드가 색을 선택하는 방식, 색을 통해 개성을 표현하는 전략, 그리고 브랜드 색상의 일관성이 왜 중요한지에 대해 살펴본다.

브랜드의 개성을 드러내는 핵심 컬러

브랜드를 떠올릴 때 가장 먼저 기억되는 두 가지는 색상과 로고(형태)

다. 로고는 브랜드를 식별 가능하게 만드는 대표적인 상징이며, 색상은 소비자의 기억 속에 가장 오래 남는 시각 요소 중 하나다. 색은 감정의 변화를 유도하고 기억을 연결하는 효과적인 도구로 브랜드를 알리는 데 중요한 역할을 한다. 특히 브랜드 컬러는 첫인상을 형성할 뿐 아니라, 소비자와의 감정적 연결을 통해 브랜드 이미지를 강화하는 데 기여한다.

일관되게 사용된 색상은 브랜드와 상품, 공간을 하나의 이미지로 자연스럽게 연상하게 만들며 때로는 이름보다 강한 인지력을 발휘하기도 한다. 이처럼 브랜드 컬러는 브랜드 아이덴티티를 시각적으로 구현하는 가장 직관적이고 강력한 도구다. 그래서 많은 기업이 컬러 전략에 주목하며 업종별로 선호하는 색상의 경향 또한 점차 뚜렷해지고 있다.

색상이 브랜드의 감정, 성격, 메시지에 미치는 영향은 다음 [그림 8]처럼 시각적으로 명확히 나타난다. 이 표는 색이 전달하는 감정과 이미지를 명료하게 보여주며 실제 브랜드의 사례를 함께 제시하여 직관적인 이해를 돕는다. 브랜드들은 이처럼 색채심리학을 전략적 도구로 적극 활용한다. 브랜드의 성격과 타깃 소비자, 전달하고자 하는 메시지를 분석하고 그에 적합한 색의 분위기와 정서를 정교하게 선택하여 시그니처 컬러를 결정한다. 궁극적으로 소비자는 이 시그니처 컬러로 브랜드를 기억하게 된다.

그림 8. 색상별 전달하는 감정과 브랜드 색 사례[7]

    컬러 전략은 제품의 콘셉트와도 긴밀하게 연결되어 있다. 예를 들어, 자연 친화적 브랜드는 안정감을 주는 녹색 계열을 선택하며, 젊고 역동적인 브랜드는 강렬한 원색을 사용해 즉각적인 관심과 주목을 유도한다. 실제 최근 연구에서도 블랙은 슬픔, 레드는 사랑 또는 분노, 옐로는 기쁨 등 특정 색상과 감정 사이의 연관성이 전 세계적으로 공통된 경향을 보였다. 문화에 따라 뉘앙스는 다르지만 색과 감정의 보편적 연관성은 브랜드 전략에서 중요한 고려 요소로 자리 잡았다.

    컬러와 심리 간의 이러한 연관성은 기업들이 색을 사용하는 방식

---

7   출처: sparkinteract.com.au 자료 편집

에 영향을 미친다. 포춘 500대 기업 중 40%가 로고에 파란색을 사용하는데 이는 파란색이 평온함과 신뢰를 연상시키기 때문이다. 실제 소비자는 브랜드 이름보다 브랜드 컬러를 기억할 확률이 81% 더 높으며, 특히 원색을 더 잘 인식한다는 조사 결과가 이를 뒷받침한다WGSN. 결국, 브랜드 컬러를 정의할 때는 제품의 본질과 타깃 고객, 전달하고자 하는 메시지를 구체적으로 설정하는 것이 시작점이 된다. **브랜드의 핵심 가치와 고객에게 남기고 싶은 감정적 인상을 구체화하는 것이 컬러 전략의 시작이자 브랜드 설계의 핵심이다.**

컬러와 브랜드의 밀접한 관계를 잘 보여주는 사례 중 하나가 신용카드 브랜드의 약 85%가 파란색을 선택한 점이다. 신뢰와 안정, 전문성을 중시하는 금융 및 IT 업계에서 파란색은 브랜드 성격을 시각적으로 표현하는 대표적 색이 되었다. 반대로 패스트푸드 업계는 활력과 에너지를 상징하는 강렬한 빨간색을 인테리어와 패키지에 활용해 소비자의 식욕을 자극한다. 또한, 무신사 스탠다드처럼 미니멀하고 절제된 색감을 사용하는 브랜드는 세련된 도시적 이미지를 소비자에게 각인시키며 브랜드의 태도를 표현한다.

이와 같이 색은 업종의 특성과 브랜드의 세계관을 감정적으로 드러내는 도구이자 브랜드가 소비자와 소통하는 언어다. 예를 들어, 밝고 유쾌한 이미지를 전달하는 카카오의 노란색, 균형과 신뢰를 상징하는 네이버의 초록, 실용성과 안정감을 표현하는 이케아의 파랑과 노랑 등은 모두 색을 통해 브랜드의 정체성과 가치를 명확히 전달하고 있다. 특히 간판과 매장, 포장지, 광고, 온라인 콘텐츠 등 고객이 접하는 모든 지점에서 색의 일관성이 유지될 때 소비자는 색만으로도 브랜드를 인식하고 기억하게 된다.

컬러로 기억되는 브랜드 아이덴티티

브랜드 '티파니앤코Tiffany & Co'는 컬러를 통해 일관된 아이덴티티를 구축한 대표적인 사례다. 매장 파사드부터 상품 패키지, 쇼핑백, 리본포장까지 고객이 마주하는 모든 접점에 활용된 '티파니 블루'는 사랑과 기대, 설렘을 떠올리게 하는 감정의 상징으로 작동한다. 이 색은 브랜드 이름보다 먼저 인식되고 시선이 머무는 순간 감정을 자극한다. 선물 포장만으로도 고객의 마음을 흔들 수 있는 이유는 티파니 블루가 브랜드와 감정을 연결하는 언어처럼 작동하기 때문이다.

뉴욕 플래그십 스토어 리뉴얼을 통해 선보인 '블루박스 카페'는 티파니가 컬러로 감각을 설계한 대표적인 공간이다. 인테리어, 테이블웨어, 메뉴 구성까지 티파니 블루가 스며들어 고객은 브랜드의 세계관 안에 들어선 듯한 몰입을 경험하게 된다.

홍콩 크리스마스 시즌 VM 연출
티파니 블루로 '새로운 상징을 건설 중'이라는 위트 있는 메시지를 전한 시즌 팝업

티파니는 작은 리본이나 컵 하나에도 색을 일관되게 반영하며 감성의 완성도를 높여왔다. 고객은 이러한 디테일을 통해 브랜드의 정서와 가치를 직관적으로 받아들이고 그 경험은 오래도록 기억에 남는다.

티파니 블루는 단 하나의 색이지만 그 안에는 브랜드의 역사와 철학, 감정이 고스란히 담겨 있다. 색 하나로 세계관을 완성하고 감정과 기억을 연결하는 브랜드로 티파니는 그 대표적인 사례다.

티파니 사례를 통해 브랜드 컬러를 일관되게 활용하는 방법과 컬러 노출 전략, 그리고 고객 기억에 남는 디테일을 살펴보자.

브랜드 컬러는 일관되게 활용한다

매장 외관에서 시선을 끈 브랜드 컬러를 상품 패키지, 소품, 포스터 등 다양한 터치 포인트에 반복적으로 노출하면 고객의 기억에 강한 인상을 남길 수 있다. 예를 들어, F&B 매장의 경우 식기류나 패브릭에 브랜드 컬러를 적용하면 브랜드 인지도를 더욱 공고히 할 수 있다. 그러나 브랜드의 핵심 색상을 모든 공간, 제품, 소품에 동일하게 사용하면 자칫 반복적이고 단조로운 인상을 줄 수 있다. 따라서 공간의 성격과 목적에 따라 컬러를 전략적으로 배치하는 것이 중요하다.

매장 정면과 내부에 브랜드 컬러를 노출한다

매장 파사드*는 고객이 브랜드를 처음 인식하는 공간이다. 이 정면에 시그니처 컬러를 적용한 간판이나 디자인 요소를 구성하면 시선을 끌고 브랜드의 첫인상을 효과적으로 전달할 수 있다.

매장 입구와 주요 동선상의 포컬 포인트에는 브랜드 컬러가 적용된 오브제, 포스터, 디스플레이 등을 전략적으로 배치해 브랜드와 상품을 함께 인식하도록 유도할 수 있다. 이는 시각적 브랜딩Visual Branding*의 흐름을 매장 전반에 걸쳐 일관되게 이어주는 역할을 한다.

다만, 시즌 테마가 전개될 경우에는 테마 컬러가 우선 적용되며 이때는 브랜드 컬러와 충돌하지 않도록 균형을 조절해야 한다. 시그니처 컬러는 보조적으로 사용하거나 특정 포인트에만 노출시켜 브랜드 정체성과 시즌 분위기를 함께 유지할 수 있다.

* **파사드**
건물의 출입구로 이용되는 정면 외벽 부분

* **시각적 브랜딩**
브랜드의 정체성을 시각적(컬러, 로고 등)으로 표현하는 것으로 로고, 소비자가 브랜드를 인지하고 기억하게 하는 데 중요한 역할을 한다.

디테일의 힘

브랜드를 오래도록 각인시키는 힘은 크고 강렬한 장면보다 감정에 닿는 디테일에 있다. 선택된 색 하나, 조화로운 배치, 감각적인 공간 구성은 말없이도 브랜드를 떠올리게 만든다. 디테일은 작지만 깊고, 때로는 새로운 영감과 감동, 신뢰를 전한다.

　서울 성수에 마련된 한 프랑스 뷰티 브랜드의 팝업스토어는 디테일이 색과 만나 강한 인상을 남긴 공간이었다. 매장을 방문했을 때 가장 먼저 시선을 사로잡은 건 붉은 색조로 통일된 외관과 식물, 그리고 공간 동선이었다. 제품 라인은 브랜드 창립자와 연결된 꽃에서 출발했으며 자연과 시간, 아름다움에 대한 철학이 고유의 미학과 연결된다는 점에서 기존 뷰티 라인과는 다른 이야기를 품고 있었다.

　팝업스토어는 '레드 카멜리아'를 테마로 가든 콘셉트가 전개되었고, 각 존에는 해당 꽃의 이미지를 활용한 미디어 아트가 더해졌다. 전체 동선이 마치 꽃 속을 거니는 듯한 흐름으로 설계되었기 때문에 공간은 색을 통해 감각을 자연스럽게 유도하는 구조로 완성되었다. 이곳에서 고객은 제품보다 먼저 색이 전달하는 생기와 에너지를 직관적으로 느끼게 된다. 감각적인 색채가 감정을 자극하고, 그 감정이 브랜드 이미지로 자연스럽게 이어지는 경험이었다.
　특히, '하나의 색, 하나의 꽃, 하나의 태도'로 구성된 이 공간은 브랜드의 미학과 철학을 감정적으로 전달하고 있었다. 컬러 스토리텔링이 단순한 디자인 요소를 넘어 감정과 경험을 연결하는 방식으로 작동

레드 테마의 감각적인 뷰티 팝업스토어

했을 뿐만 아니라, 작은 연출의 디테일 하나하나가 브랜드를 더 오래 기억하게 만드는 힘이 되었다.

강렬한 색으로 돋보이는 소형 매장

하지만 색이 잘 쓰였다고 해서 고객이 즉시 "이것이 이 브랜드의 정체성이다"라고 인식하는 것은 아니다. 대부분은 "색감이 예쁘다",

"공간이 조화롭다"라는 감각적인 평가에서 시작된다. 중요한 건 이러한 감성적 경험이 반복될수록 브랜드 컬러가 자연스럽게 각인되고, 감정은 점차 브랜드 인식으로 확장된다는 점이다. "색이 예쁘다"라는 말은 컬러 전략이 효과적으로 작동하고 있다는 신호이자 브랜드 아이덴티티가 고객의 일상에 스며들고 있다는 증거다.

컬러 전략은 대형 브랜드만의 것이 아니다. 오히려 소형 매장일수록 색의 집중도와 조화가 더 강력한 힘을 발휘한다. 로고, 간판, 인테리어, 상품 패키지, 유니폼까지 핵심 색상을 하나의 흐름으로 구성하면 브랜드 경험은 더욱 선명하게 전달된다. 이러한 접근은 오프라인에만 국한되지 않는다. SNS 배너, 웹사이트 버튼, 광고 이미지처럼 고객과의 디지털 접점에서도 색과 스타일의 일관성은 브랜드 인식을 더욱 견고하게 만든다. 고객이 온라인에서 접하는 시각적 톤이 오프라인에서 느낀 감각과 연결될 때 브랜드는 더 깊이 각인된다.

컬러는 브랜드가 자신을 표현하는 가장 직관적인 언어이자, 고객의 감정에 본능적으로 스며드는 접점이다.

03
시선을 사로잡는 컬러로 디자인한다

고객이 매장에 들어서면 상품이 가장 먼저 눈에 들어올 것이라고 생각하기 쉽지만 실제로는 상품보다 먼저 공간의 분위기를 감지한다. 그리고 그 분위기 안에서 상품을 더욱 돋보이게 하고 시선을 끌게 만드는 배경에는 언제나 '색'이 있다. 상품과 어우러진 색의 구성은 매장의 분위기를 형성할 뿐 아니라 고객의 시선이 머무는 위치와 이동 동선까지 자연스럽게 이끈다. 이러한 색의 전략적 영향력은 파리 라파예트 백화점과 신세계백화점 강남점의 식품관 구성에서 특히 선명하게 드러난다.

파리 갤러리 라파예트의 '르 고메Le Gourmet' 식품관 지하 1층에 위치한 '메종 콜롬Maison Colom'은 계절마다 다양한 신선 식품을 선보인다. 이곳의 진열 방식은 과일과 채소가 가진 본연의 색상과 크기, 형태를 섬세하게 배열하며 고객의 시선을 자연스럽게 매장 깊숙한 곳으로 끌어당긴다. 과일과 채소의 생생한 컬러는 매장 전체에 리드미컬하게 펼쳐지면서 고객의 이동 방향을 자연스럽게 이끄는 역할을 한다. 컬러가 공간의 주연이 되어 고객은 갤러리에서 작품을 감상하듯 진열된 상품을 천천히 따라 걷고 각 상품이 지닌 고유한 매력에 집중하는 여유를 갖게 된다.

이러한 섬세한 VM 전개는 원형 진열대, 바구니의 질감과 크기 차이, 형태의 리듬감, 그리고 색의 배열이 함께 만들어낸 결과다. 컬러를 중심에 둔 진열은 고객의 감각을 일깨우고 그 감각을 따라 생긴 흥미가 자연스럽게 구매로 이어진다.

신세계백화점 강남점 식품관은 2025년 프리미엄 식품 공간으로 새롭게 리뉴얼되었다. 다크 우드 톤과 금장 디테일을 중심으로 설계된 인테리어는 세련되면서도 절제된 무드를 연출하고 소재와 조명, 집기 디자인까지 일관된 톤 앤드 매너로 세심하게 조율되어 있다. 어두운 컬러를 배경으로 설정한 공간은 깊이감과 차분함을 더하며 그 위에 신선식품 본연의 생기 넘치는 색상을 더욱 뚜렷하게 드러나게 한다. 특히 입구에 배치된 패턴 타일 위의 계절 과일과 채소들은 우드 톤 집

Colom-Galeries Lafayette Gourmet(라파예트백화점 식품관 청과물 코너)

신세계백화점 강남점 식품관

기와 어우러져 공간에 생기와 절제미를 동시에 부여한다. 정육과 수산 코너 역시 유럽의 전통시장을 떠올리게 하는 진열 방식과 컬러 구성을 통해 탐색의 즐거움을 선사하며 고객의 시선을 계획적으로 이끄는 세련된 컬러 설계를 보여준다.

이 두 공간은 모두 색을 통해 브랜드가 지향하는 분위기와 감성을 섬세하게 전달한다. 색의 톤과 밀도가 공간 연출과 유기적으로 어우러질 때 고객은 그 안에 온전히 몰입하며 하나의 완성된 세계를 경험하게 된다. 라파예트는 색을 작품처럼 배열해 공간 자체를 감상의 대상으로 만들었고, 신세계백화점 강남점은 깊이 있는 컬러와 정제된 디테일을 통해 상품의 생동감을 품격 있게 드러낸다. 색이 만든 흐름은 먼저 감각을 움직이고 고객은 그 안에서 브랜드의 감성을 체험하게 된다.

색은 감정을 이끄는 커뮤니케이션 도구다

매장에서 특정 상품이 눈에 띄는 순간보다 더 중요한 것은 고객이 그 공간 안에서 자연스럽게 머무는 흐름을 만드는 일이다. 이때 색은 그 흐름을 설계하는 가장 효과적인 도구로 작동한다. 고객의 발걸음은 색의 농담과 결을 따라 이어지고, 한 장면에서 다음 장면으로 시선이 자연스럽게 이동한다. 파리 라파예트 백화점과 신세계백화점 강남점 식품관의 장면에서도 색은 공간의 리듬과 이동을 명확하게 이끌고 있었다.

공간에서 색은 시각적 아름다움은 물론 정보를 전달하고 감정을 이끄는 커뮤니케이션 도구로 작동한다. 이때 색상 비율, 강조 요소, 리듬감은 색과 형태, 배치 사이의 관계를 정리하며 공간의 흐름과 분위기를 설계하는 핵심적인 장치가 된다. 색은 공간에 생명력을 부여하는 리듬이 되고 이 리듬은 고객의 시선과 감정을 움직이는 원동력이 된다. 이러한 색상 설계의 원리를 가장 직관적으로 보여주는 사례가 바로 카페 공간이다.

스타벅스는 외부 파사드의 사이렌 로고를 통해 브랜드의 시그니처 컬러를 선명하게 전달한다. 그러나 매장 내부로 들어서면 외부에서 느꼈던 강한 컬러 이미지는 의도적으로 절제된다. 공간은 브랜드 컬러 대신 우드 톤과 뉴트럴 톤을 중심으로 구성되어 편안하고 따뜻한 분위기를 만든다. 시그니처 컬러는 머그잔, 텀블러, 패키지 같은 디테일에만 집중적으로 사용된다. 이러한 전략은 브랜드 컬러를 과하게 드러내지 않으면서도 매장 전체에 시각적 안정감과 조화로운 리듬을 부여한다. 덕분에 고객은 공간에 자연스럽게 머무르게 되고 브랜드가 제안하는 편안함을 함께 경험하게 된다. 스타벅스는 브랜드 색상을 전면에 내세우기보다 공간 체험을 통해 브랜드를 은연중에 깊이 체감하도록 설계한다.

명확한 브랜드 메시지를 전달한다

공간의 색채 비율은 고객의 체류 시간과 브랜드에 대한 인상을 좌우하는 중요한 요소다. 따라서 공간을 설계할 때 전체 색채 비율을 먼저 고려하는 것이 필요하다. 색채 비율이란 각 색상이 공간에서 차지하는 면적과 역할을 의미한다. 균형 잡힌 색 구성은 시각적 안정감을 높이고 브랜드 메시지를 보다 명확하게 전달하는 데 기여한다. 이때 자주 활용되는 방식이 '주색 – 보조색 – 강조색'으로 색을 구분하는 3단계 구성이다. 주색은 공간의 기본 톤을 설정하고 보조색은 공간에 깊이와 변화를 더하며 강조색은 시선을 집중시켜 브랜드의 정체성을 명확하게 드러낸다.

가장 대표적인 가이드라인은 60:30:10 법칙이다. 전체 공간의 60%를 차지하는 주색은 공간의 기본 분위기를 결정하고, 30%의 보조색은 이를 보완하며 조화를 이룬다. 나머지 10%의 강조색은 시선을 집중시키며 공간에 생동감을 불어넣는 역할을 한다. **이때 강조색에 브랜드의 시그니처 컬러를 활용하면 브랜드의 개성과 아이덴티티를 효과적으로 전달할 수 있다.**

예를 들어, 매장 인테리어에서 뉴트럴 톤의 벽면(60%)을 기본 배경으로 설정하고, 진열대나 가구 등에 보조색(30%)을 적용해 균형을 맞춘다. 여기에 브랜드 로고 컬러나 그 외 브랜드 디테일 요소를 강조색

스타벅스의 색상 비율은 주로 70:25:5의 비율을 따르는 것으로 알려져 있다.[8]

도쿄 쇼핑몰 매장 색채 비율 사례: 그레이 톤(약 60%)과 블랙 계열(약 30%), 포인트 컬러로 사용된 강렬한 레드(약 10%)가 매장의 정체성을 명확히 드러낸다.

8   출처: starbucks.com

(10%)으로 활용하면 공간 전반에 자연스럽게 브랜드 이미지가 녹아들게 된다. 물론 색채 비율은 절대적인 규칙이 아니다. 공간의 목적, 고객층, 상품 특성에 따라 유연하게 조율해야 한다. 차분하고 절제된 분위기를 연출하려면 주색 비율을 높이고, 보조색과 강조색은 최소한으로 눌러야 한다. 반대로 생동감과 활력을 강조하고 싶을 때는 강조색의 비율을 과감하게 높이는 것도 방법이다. 중요한 것은 정해진 공식을 따르는 것이 아니라 브랜드 콘셉트와 공간이 지향하는 감성을 읽고 그 흐름에 맞게 색을 섬세하게 설계하는 실전 감각이다.

포인트 컬러로 고객의 움직임을 유도한다

공간에서 포인트 컬러는 전체 색 구성의 약 10% 정도만 차지하지만 시선을 집중시키고 분위기에 생동감을 불어넣는 중요한 역할을 한다. 색은 브랜드의 고유 이미지를 강화하거나 특정 시즌의 분위기를 부각하는 데 효과적으로 활용된다. 특히 브랜드의 시그니처 컬러를 포인트로 활용하면 공간 전반에 일관된 인상을 남기며 브랜드 정체성을 보다 선명하게 전달할 수 있다. 반면 시즌 프로모션이나 특별한 테마가 있을 경우 시즌 컬러를 과감히 도입해 주목도를 높이고 공간에 신선함을 불어넣는 전략도 유효하다.

중요한 것은 브랜드 컬러와 시즌 컬러를 단순히 구분하기보다 그 역할을 명확히 설계하고 공간 흐름에 따라 조화롭게 배치하는 것이다. 브랜드 컬러는 매장의 기본 톤에 녹아들어 꾸준히 노출되고, 시즌 컬러는 일정 기간 집중적으로 노출돼 시각적 전환을 유도한다.

포인트 컬러는 단일한 고정값이 아니다. 고객의 이동 동선, 체류 시간, 매장 구역의 특성에 따라 적절히 변화하고 조율해야 한다. 예를 들어, 계산대나 체험 존처럼 머무는 시간이 긴 구역에는 따뜻한 계열의 컬러를 배치해 편안함을 유도하고, 프로모션 존이나 쇼윈도에는 시선을 끌 수 있는 대비가 강한 색을 활용하는 것이다.

포인트 컬러에는 정답이 없다. 핵심은 그 색이 고객을 움직이게 하고 브랜드를 기억하게 만드는지이다. 지나치게 다양한 색을 사용하는 것은 시선을 흩트리고 공간에 혼란을 줄 수 있다. 따라서 일반적으로 1~2가지 포인트 컬러를 중심으로 색의 강약, 위치, 흐름을 전략적으로 조율하는 것이 바람직하다. 색은 하나의 중심점이 되어 공간을 리드할 수도 있고 여러 색이 조화를 이루며 풍성한 리듬을 만들어내기도 한다.

색의 흐름으로 공간에 리듬감을 준다

리듬감은 정적인 배열의 경계를 확장하며 공간 전체를 감각적인 흐름을 만든다. 이는 매장에서도 동일하게 적용될 수 있다. 집기, 높낮이, 조명, 색상 등 다양한 리듬 요소를 활용하면 매장의 레이아웃 흐름과 상품 그룹핑을 더욱 효과적으로 구현할 수 있다. 특히 색상의 비율,

강조와 함께 활용하면 별도의 연출 오브제가 없어도 매장에 자연스러운 리듬감을 부여할 수 있다. 색상을 중심으로 한 리듬 디스플레이 방법과 상품 카테고리별 활용 사례를 알아보자.

• 신선식품 매장: 색상 대비로 신선함과 리듬 디스플레이

전통시장이나 신선식품 전문 매장에 들어서면 자연스럽게 활기차고 생동감 있는 분위기가 느껴진다. 그중 하나의 이유는 바로 다채로운 식재료의 색상이 만들어내는 시각적 리듬 때문이다. 빨간 사과, 초록 사과, 오렌지처럼 색이 뚜렷하게 구분되는 과일과 채소는 서로 대비되게 배치할수록 신선함과 계절감이 더욱 강하게 부각된다.

리듬감을 더하는 현실적인 방법으로는 색상 대비나 형태가 다른 식재료를 일정한 패턴으로 진열하는 방식이 있다. 빨강 – 초록 – 노랑 순으로 구성된 패턴을 반복하면 매장 전체에 자연스러운 색의 흐름이 형성된다. 또 다른 구성 방식으로는 식재료와 함께 구매하면 좋은 연관 식품이나 소스류를 함께 배치하여 컬러 대비뿐 아니라 구매 연상 작용을 유도하는 방식이 있다. 예컨대 토마토 옆에 바질, 올리브유 등을 함께 진열하면 색상 대비와 함께 사용 맥락이 드러나며 시각적으로도 리듬감 있고 풍성한 인상을 준다.

트레이의 색상도 리듬 디스플레이를 구성하는 요소 중 하나다.

런던 버로우 마켓: 색상과 형태의 다양성으로 생동감 있는 리듬감 연출

예를 들어, 해산물 코너에서 블루 계열 트레이를 활용하면 신선함이 강조되며 심리적으로도 깔끔하고 위생적인 인상을 줄 수 있다. 또한 집기나 소도구의 높낮이를 조절하면 상품이 입체적으로 구성되고, 고객 손이 닿기 쉬운 위치에서 색상의 흐름을 자연스럽게 이어갈 수 있다. 이러한 방식으로 접근하면 시각적 균형과 동적인 리듬감이 함께 살아난다.

TIP

시장처럼 역동적인 분위기를 만들고 싶다면 컬러를 대비시키며 다채롭게 배치한다. 반면 고급 식품 매장이라면 자연스러운 색의 흐름과 부드러운 조명을 활용해 편안한 분위기 조성이 효과적이다.

- **의류 매장: 컬러와 패턴으로 리듬감 있는 디스플레이**

고객의 시선을 가장 먼저 끌어야 하는 쇼윈도와 입구 메인 디스플레이는 시즌 테마에 맞춘 컬러와 패턴으로 리듬감을 살린 공간으로 연출된다. 이 구역은 연출 소품과 마네킹 스타일링을 활용해 시각적인 흐름을 형성하고 강렬한 첫인상을 만든다. 특히 마네킹 연출에서는 컬러 또는 컬러+패턴의 크로스 코디네이션을 통해 주목도를 높이며 구체적인 스타일링 제안으로 고객의 흥미를 유도한다.

GAP 매장의 포컬 포인트와 색상 리듬을 활용한 내부 연출과 일관성 있는 VM 전개

Habitat 매장: 블루 컬러를 포인트로 설정한 진열 구성

HAY 매장: 다양한 색상의 반복 배열로 색의 흐름을 강조한 디스플레이

매장 내부 진열에서는 색상의 자연스러운 흐름이 핵심이다. 밝은색에서 어두운 색으로 이어지는 컬러 그러데이션, 톤온톤, 컬러 블로킹Color Blocking* 등을 활용해 고객이 색의 흐름을 따라 자연스럽게 이동하며 쇼핑을 이어가도록 설계한다.

> * 컬러 블로킹
> 대비되는 색상을 블록 형태로 배치하여 강렬한 시각적 효과를 연출한다.

- **리빙 매장: 색상 조합으로 감각적인 공간 연출**

리빙 매장은 고객이 자신의 생활을 구체적으로 떠올릴 수 있는 장면을 제안하는 공간이어야 한다. 개별 상품의 기능보다 중요한 것은 그 조합이 만들어내는 분위기다. 입구에는 시즌이나 이벤트 테마에 맞춘 테이블 또는 쇼룸 구성이 효과적이며, 여기에 콘셉트에 어울리는 오브제와 비주얼 보드를 함께 배치하면 브랜드가 제안하는 라이프스타일을 공간 안에 자연스럽게 녹여낼 수 있다.

상품의 색을 활용해 공간에 리듬을 줄 수도 있다. 포인트 컬러를 적용하거나 컬러 그룹핑 진열을 통해 매장에 활력과 시각적 흐름을 더하는 방식이다. 이때 조명과 색의 조화가 공간의 인상을 좌우하므로 상품이나 집기의 색조에 맞춰 조명의 색온도와 방향을 섬세하게 조정하는 것이 중요하다.

고객을 끌어당기는 6가지 컬러 디스플레이

시선은 색에 반응하고, 감정은 색을 따라 움직인다. 디스플레이 현장에서 자주 목격되는 장면도 다르지 않다. 고객이 "컬러가 예쁘다"라는 말과 함께 발걸음을 멈추고, 무심코 상품을 집어든 채 계산대로 향하는 순간들. 때로는 색이 만들어내는 분위기에 이끌려 매장을 천천히 둘러보다 쇼핑백을 든 자신을 발견하게 되기도 한다.

이 흐름의 중심에 있는 것이 바로 컬러 코디네이션이다.
매장의 인상을 결정짓고 상품의 분위기를 또렷하게 전달해주는 요소이며, 계절의 공기를 담아내는 시각적 언어이기도 하다. 또한, 색을 통해 고객에게 자연스럽게 트렌드를 제안할 수 있다. 색은 감정을 흔들고 쇼핑의 리듬을 만든다. 그렇다면 매장 안에서 이 색의 힘을 어떻게 더 효과적으로 활용할 수 있을까?
지금부터 고객의 시선을 사로잡고 구매로 연결되는 여섯 가지 컬러 디스플레이 전략을 살펴보자.

테마 컬러 Thema Color: 공간에 통일감을 준다

테마 컬러는 매장 전체에 하나의 색상을 일관되게 적용해 통일감을 주는 디스플레이 기법이다. 브랜드의 시그니처 컬러를 활용하거나

파리 프랭탕 백화점 봄 테마 컬러 연출 사례

특정 상품이나 시즌, 이벤트를 상징하는 색을 공간 전반에 통합적으로 표현하면 고객은 테마의 의미를 직관적으로 인식하게 된다. 또한, 반복적으로 매장 내외부에 노출되는 컬러는 고객의 시선을 끌고 매장의 중심 메시지나 주력 상품에 집중하도록 유도한다. 이와 같이 테마 컬러는 공간 전체의 인상을 하나의 흐름으로 연결하고 고객의 이동과 구매 행동까지 부드럽게 이어지게 만드는 전략적 장치로 작용한다.

예를 들어, 파리 프랭탕 백화점의 봄 테마 연출 사례처럼 쇼윈도부터 입구, 메인 통로 디스플레이까지 그린 컬러를 일관되게 적용하여 시즌 메시지를 명확하게 전달하고 고객의 시선을 자연스럽게 유도한다.

매장 입구를 비롯해 고객의 주 동선마다 테마 연출물을 집중 배치하고 내부 진열대와 포스터, POP Point of Purchase 요소에도 테마 컬러를 일관되게 적용할 경우 매장 전체가 하나의 메시지를 전달하는 듯한 인상을 준다. 여기에 패키지나 굿즈 상품까지 컬러를 확장 적용하면 고객은 계절감과 이벤트 분위기를 더욱 직관적으로 느끼게 되고, 그 경험은 구매로 이어질 가능성을 높여준다. 특히 팝업스토어처럼 한정된 기간 동안 운영되는 공간에서는 테마 컬러가 브랜드의 개성을 강렬하게 드러내는 수단이자, 시즌별 신제품이나 이벤트 메시지를 효과적으로 부각시키는 도구로 작용한다.

- **고객의 집중력을 높임**: 매장 입구부터 컬러 톤을 통일하면 고객

이 공간 전체에 몰입하기 쉬워진다.
- **브랜드의 개성을 강조함**: 브랜드 고유의 색상을 활용할 때 고객의 기억 속에 브랜드 이미지를 선명하게 남길 수 있다.
- **구매로 이어지는 연계 효과**: 테마 컬러가 적용된 상품은 더욱 눈에 띄며 자연스럽게 연관 상품으로 관심이 확장될 수 있다.

컬러 블로킹Color Blocking: 공간에 활력을 더한다

컬러 블로킹은 서로 대비되는 색상이나 유사한 색상군을 블록 형태로 배치해 강렬한 시각적 효과를 만드는 기법이다. 주로 신상품이나 주력 상품을 부각하고 매장의 구역을 명확히 나누며 공간에 활력을 더하는 데 활용된다. 다만, 컬러 블로킹은 강렬한 만큼 과도하게 사용하면 시각적 피로를 줄 수 있으므로 매장 내 특정 포인트에 한정해 적용하는 것이 효과적이다.

- **강렬한 대비로 주목도 상승**: 세일이나 프로모션 존에 활용하면 고객의 시선을 빠르게 끌 수 있다. 상품 카테고리를 구분하는 데 효과적이며 쇼핑 동선을 자연스럽게 유도한다.
- **상품 구분이 명확**: 같은 제품군이라도 컬러 블로킹을 활용하면 개별 상품의 특징이 더욱 뚜렷하게 부각하고, 색상의 대비를 활용해 주요 아이템을 강조할 수 있다.

왼쪽　**컬러 블로킹 전개**: 대비되는 색으로 프로모션을 시각적으로 부각
오른쪽　**톤온톤 컬러 전개**: 유사한 색상 계열을 명도와 채도 차이를 조화롭게 연결한 스타일링

- **공간 활용 극대화**: 블록별 색감을 달리하면 매장이 한층 정돈되어 보이고 시각적 리듬을 형성해 공간 분위기까지 조율할 수 있다.

톤온톤 컬러Tone On Tone Color: 공간을 조화롭게 한다

　톤온톤 컬러 기법은 하나의 색상 계열 안에서 명도와 채도를 조절해 자연스럽고 조화로운 분위기를 만드는 방식이다. 유사한 색의 흐름은 고객의 시선을 부드럽게 이끌고, 공간 전체에 깊이감과 감각적인 리듬을 더한다.

- **우아하고 정제된 이미지 형성**: 예를 들어, 베이지 톤의 의류 매장에서 아이보리, 카멜, 샌드베이지 같은 색상을 단계적으로 배치하면 차분하면서도 고급스러운 분위기가 연출된다.
- **제품 간 연결성을 높임**: 같은 계열의 색상을 활용하면 상품 간에 조화를 이루며 고객이 자연스럽게 연관 제품을 탐색하게 된다.
- **공간이 정돈되어 보임**: 컬러 변화가 부드러우면 상품이 더 깔끔하고 세련되게 보이며 매장의 전체적인 일관성이 강화된다.

톤온톤 컬러를 활용할 때는 단조로움을 방지하기 위해 소재와 질감(광택 있는 소재 vs. 매트한 소재)을 적절히 섞는 것이 효과적이다.

컬러 그러데이션 Color Gradation: 시각적 흐름을 만든다

그러데이션은 색이나 밝기, 질감이 점차 변해가는 표현 방식으로 부드러운 흐름을 만들 수도 있고 강렬한 대비를 줄 수 있는 기법이다. 여러 색이 자연스럽게 이어지기도 하고 때로는 선명하게 구분되며 시선을 사로잡기도 한다. 한 가지 색 안에서 밝기나 선명함이 조금씩 달라지는 방식은 '단색 그러데이션'이라 불리며 차분하고 세련된 분위기를 연출할 때 자주 쓰인다.

- **동선이 자연스럽게 형성**: 예를 들어, 밝은색에서 어두운 색으로

왼쪽　컬러 그러데이션 이미지: 색의 순차적 연결로 시각적 리듬을 완성
오른쪽　컬러 그룹핑 이미지: 색상과 용도를 기준으로 구성해 스타일링을 제안

이어지는 디스플레이는 고객이 상품을 한눈에 비교하기 쉽게 만든다.

- **상품 정돈 효과**: 색상이 체계적으로 배열되면 고객이 원하는 색을 빠르게 찾을 수 있어 쇼핑이 편리해진다.
- **감각적인 브랜드 이미지를 제공**: 정돈된 색상의 흐름은 매장을 더욱 세련되고 트렌디하게 보이도록 돕는다.

컬러 그러데이션 디스플레이는 계절감과 매칭하면 더욱 효과적이다. 봄/가을에는 따뜻한 색 → 차가운 색 → 무채색 순으로 전개하면 계절감을 강조할 수 있고, 여름에는 차가운 색 → 무채색 → 따뜻한 색 순으로 정리하면 시원하고 미니멀한 분위기가 연출된다.

컬러 그룹핑Color Grouping: 상품을 쉽게 탐색할 수 있다

컬러 그룹핑은 비슷한 색상 군 또는 톤이 유사한 상품들을 하나로 그룹화하는 기법으로 시각적인 통일감을 높이면서 고객이 상품을 쉽게 탐색할 수 있도록 돕는다. 예를 들어, 패션이나 라이프스타일 상품을 종합적으로 전개하고 싶다면 연관 상품끼리 비슷한 색상이나 톤으로 그룹화해 전체적으로는 통일감이 전달하고 스타일까지 제안할 수 있다.

- **정돈된 디스플레이 효과**: 상품을 색상별로 그룹화하면 매장이 깔끔해 보인다.
- **연관 구매를 유도**: 같은 색상 군으로 상품을 배치하면 고객이 스타일링을 쉽게 떠올릴 수 있어 추가 구매로 이어질 가능성이 높아진다.
- **특정 테마 강조 가능**: 유아용품 매장에서 핑크 계열과 블루 계열로 나누어 진열하면 고객이 원하는 스타일을 직관적으로 찾을 수 있다.

컬러 그룹핑을 효과적으로 활용하려면 너무 많은 색을 혼합하지 않고 2~3가지 컬러 군을 중심으로 연출하는 것이 좋다.

악센트 컬러 Accent Color: 시선을 집중시킨다

악센트 컬러는 매장의 특정 상품이나 공간을 강조하기 위한 연출 기법으로 강렬한 색상 포인트를 활용해 고객의 시선을 집중시키는 효과가 있다. 컬러뿐 아니라 대비되는 패턴, 질감, 형태 요소를 함께 활용하면 시각적 인상이 더욱 강해지고 공간에 리듬과 활력을 더할 수 있다.

- **시각적 초점 형성**: 뉴트럴 컬러 매장에서 레드, 네온 옐로 같은 악센트 컬러를 활용하면 특정 상품이 돋보인다.

왼쪽   가구 컬러를 활용한 공간 내 악센트 컬러 연출
오른쪽   패턴과 컬러를 활용해 상품별 콘셉트 강조

- **고객 동선 유도**: 악센트 컬러를 입구, 계산대 근처, 프로모션 구역에 배치하면 고객이 자연스럽게 해당 공간으로 이동하게 된다.
- **매장 분위기 업그레이드**: 단조로운 공간에 포인트 컬러를 추가하면 트렌디하고 세련된 느낌을 더할 수 있다.

계절 컬러로 그 순간 필요한 상품임을 전달한다

비주얼 머천다이징의 가장 큰 매력 중 하나는 계절의 변화가 매장 속에서도 자연스럽게 반영된다는 점이다. 날씨가 변하고 거리의 분위기가 달라질 때 매장도 그 흐름에 맞춰 색과 연출을 조율하며 계절의 감각을 공간에 입힌다. 특히 시즌 컬러와 테마가 뚜렷하게 반영된 매장은 고객에게 늘 새롭고 특별한 인상을 남기며 다시 방문하고 싶은 이유를 만들어준다.

매장 안에서 느끼는 계절의 감각은 거리의 풍경과도 맞물린다. 사람들은 계절이 바뀔 때마다 반짝이는 조명, 시즌 테마로 꾸며진 포스터와 포장지, 제철 식재료가 만들어내는 다채로운 색의 조화를 통해 도시 전체에 계절이 자연스럽게 흐르고 있음을 느낀다. 이런 시각적 흐름이 매장 안에서도 이어질 때 고객은 감각적인 계절 분위기를 자연스럽게 매장에서 경험하게 된다.

중요한 것은 명확한 콘셉트와 전략을 바탕으로 고객의 니즈에 맞춘 색상과 상품을 연결할 때 계절의 감각은 공간 전체에 깊이 있게 스며든다. **시즌마다 고객층의 라이프스타일을 반영한 컬러와 테마를 설정하고, 이에 맞는 상품을 기획하면 매장 전반의 분위기와 구성은 자연스럽게 조화를 이루며 풍부한 계절감을 전달할 수 있다.**

많은 매장이 계절을 표현하기 위해 꽃이나 상징 오브제를 놓는 방식을 택한다. 물론 이런 방법도 계절을 알리는 역할을 하지만 브랜드 고유의 이야기를 깊이 있게 전하기에는 한계가 있다. 매장의 목소리로 계절을 풀어내기 위해서는 오브제보다는 컬러를 중심에 두는 연출이 훨씬 효과적이다.

시즌 컬러는 디스플레이나 진열대 배경처럼 눈에 띄는 곳뿐 아니라 가격표 테두리, POP 문구, 판매 시점 홍보물 POSM과 같은 작은 접점까지 섬세하게 통일할 때 그 힘이 극대화된다. 특히 계산대 주변의 사은품 박스, 매장 입구의 안내 POP, 상품 진열대 위의 가격표와 프로모션 카드처럼 반복 노출되는 지점에 시즌 컬러를 적용하면 매장 전체가 하나의 컬러 톤으로 자연스럽게 이어진다. 이 전략은 오프라인 매장뿐 아니라 온라인몰의 배너, 아이콘, 이벤트 페이지까지 확장할 수 있으며 이를 통해 고객은 온·오프라인을 넘나들며 일관된 시즌 경험을 얻게 된다.

보틀벙커
여름 이미지를 담은 보드와 POP 색상 구성으로 계절감을 전하는 시즌 테마 연출 사례

그랑 그로서리
상단 간판과 디지털 디스플레이는 계절성과 테마를 강조하며, 색상 리듬을 살린 과일 배열로 계절 상품의 시각적 경험을 유도

또한, 시즌 연출은 매장을 전부 바꾸는 것이 아니라 무엇을 강조하고 어떻게 계절감을 더할지 섬세하게 선택하는 과정에 가깝다. 기존 집기와 소품을 전면 교체하기보다는 그 위에 계절의 감각을 덧입히는 방식이 현장에서는 더욱 실용적이다. 예를 들어, 여름철에는 진열대 위에 푸른빛이 감도는 투명 아크릴을 덧대거나, 천 소재 연출물을 시원한 패턴으로 교체하는 것만으로도 매장의 분위기를 새롭게 환기할 수 있다. 작은 색의 변화라도 매장의 인상은 크게 달라지며 이는 고객의 시선과 감정에도 빠르게 반응을 일으킨다.

시즌 연출이 여의치 않을 때는 시즈널 컬러Seasonal Color로 구성된 상품이나 계절에 어울리는 아이템을 모아 진열하는 방법도 효과적이다. 특히 작은 매장에서는 상품을 중심으로 한 컬러 전개가 직관적이면서도 강한 인상을 남긴다. 이렇게 매장 전체를 관통하는 계절 컬러와 소재, 그리고 분위기는 고객에게 계절에 필요한 상품의 가치를 자연스럽게 전달한다.

* **시즈널 컬러**
특정 계절이나 시기에 맞춰 유행하거나 출시되는 색상

04

조명, 상품과 공간을 연결한다

사람들을 매장으로 끌어당기는 요소는 다양하다. 브랜드를 기억하게 하는 색감이기도 하고, 눈길을 사로잡는 디스플레이일 수도 있다. 그러나 이 모든 요소를 한층 더 극적으로 부각하며 상품과 공간을 유기적으로 연결하는 핵심적인 역할은 역시 '빛'이 담당한다.

사람이 받아들이는 정보의 약 87% 이상이 시각에 의존한다는 점을 고려할 때 색은 빛을 만나야 비로소 그 본연의 매력과 가치를 충분히 드러낸다. **조명은 디스플레이의 최종 터치로 이미 구성된 상품 연출의 완성도를 끌어올리고 매장만의 뚜렷한 개성과 인상을 만드는 데 중요한 역**

LA GRANDE EPICERIE DE PARIS(르 봉 마르셰 백화점 식품관) 식품매장 전반 조명과 영역 조명 활용 사례

==할을 한다.== 특히 제품의 가시성을 높여 고객의 시선을 집중시키고 색상·질감·형태를 생생하게 부각해 그 가치를 명확하게 전달한다. 조명이 더해진 이 감각적 구성은 고객의 감정과 시선을 자극해 매장에 더 오래 머무르도록 유도한다.

최근 오픈하거나 리뉴얼된 상업 공간을 살펴보면 조명 활용 방식이 과거와는 확연히 달라졌음을 알 수 있다. 과거에는 전체 공간을 균일하게 밝히는 것이 일반적이었지만 최근에는 매장 외부 통로를 의도적으로 어둡게 유지해 내부의 밝게 빛나는 상품 진열 공간으로 고객의 시선을 자연스럽게 끌어들이는 방식이 주목받고 있다. 여기에 중요 포인트 존마다 조도와 색온도를 전략적으로 달리하여 공간의 분위기를 더욱 입체적이고 다채롭게 연출한다.

고객 시선을 유도하고 입체적인 분위기를 조성하기 위해서는 매장 내부 조명을 용도에 따라 세부적으로 나누어 계획하는 것이 효과적이다. 연출 공간이나 진열 공간 같은 상품 구역과 피팅룸이나 창고 같은 비상품 공간 등으로 구분하고, 각 영역에 적합한 조명 방식을 선택하면 공간의 목적이 더욱 명확해지고 상품의 특성 역시 보다 명료하게 드러난다. 상품의 소재와 컬러에 맞춰 조명의 색온도와 밝기를 조정하면 제품 고유의 질감과 분위기를 효과적으로 전달할 수 있다. 예컨대 부드러운 섬유 제품은 따뜻한 색온도의 조명 아래서 한층 포근하게 느껴지고, 금속 소재 상품은 차가운 색온도의 조명을 받아 선명한 윤기와 매력을 강조하게 된다.

조명 설계는 일반적으로 인테리어 기획 단계에서 이뤄지지만 비주얼 머천다이징 디렉터와 협업할 경우 브랜드의 방향성과 상품 특성을 더욱 섬세하게 반영한 조명 연출이 가능해진다.

상품의 가치를 높인다

상품의 질감과 색을 가장 또렷하게 드러내는 건 결국 빛의 밀도와 온도다. 특히 조도$_{Lux}$와 색온도$_{Kelvin}$는 조명의 기능과 감성을 동시에 구성하는 핵심 요소로 그 중요성이 점점 더 부각되고 있다.

이러한 인식은 세계 최대 리테일 전시회 중 하나인 유로샵$_{EuroShop}$에서도 확연히 드러난다. 3년에 한 번 독일 뒤셀도르프에서 열리는 유로샵은 매장을 기획하고 연출하는 사람들에게 전 세계 아이디어와 트렌드를 한자리에서 만날 수 있는 특별한 기회다. 그중에서도 조명 파트는 하루 종일 머물러도 모자랄 만큼 깊이 있고 다채롭다. 조명의 다양한 종류를 비롯해 빛이 어떻게 공간의 분위기를 바꾸고 고객의 시선을 머물게 하며 경험의 밀도를 높이는지를 생생하게 느낄 수 있다.

유로샵을 다녀오면 한 가지는 분명해진다. 진열 위에 놓인 상품은 빛의 결에 따라 전혀 다른 분위기를 입는다. 조도는 그 농도를 조절하

독일 뒤셀도르프 유로샵EURO SHOP 라이팅 전시

잘 팔리는 매장의 비밀

고, 색온도는 그 감도를 결정한다. 빛은 제품을 비추는 방식이 아니라 상품이 가진 분위기를 끌어내는 기술이다.

조도: 시선을 유도하다

조도는 빛의 밝기를 뜻한다. 즉 조명의 밝기와 그 농도에 따라 고객의 시선이 머무는 위치와 시간은 달라진다. 쇼윈도, 벽면 포컬 포인트, 셀링 포인트처럼 시선을 집중시켜야 하는 구역은 조도를 높이고, 입구나 통로, 피팅룸처럼 긴장을 풀어야 하는 구역은 낮은 조도로 조절하는 것이 효과적이다. 하지만 밝기가 지나치면 눈이 쉽게 피로해지고, 반대로 너무 어두우면 상품이 묻히기 쉽다. 따라서 구역마다 조도의 농도를 섬세하게 나누면 시선은 자연스럽게 전환되고 공간은 목적에 따라 분명한 리듬을 갖게 된다.

조도는 주로 세 가지 조명 유형과 결합해 다양한 공간을 구성한다.

전반 조명 General Lighting : **쾌적한 환경 제공**

전반 조명은 매장 전체의 밝기를 일정하게 유지하여 쾌적한 환경을 제공하고, 고객이 안전하게 이동할 수 있도록 돕는 조명이다. 무엇보다 눈부심 없이 균일한 조도를 확보하는 것이 중요하며, 넓은 면적에 빛을 고르게 분산시키는 방식으로 설계된다. 주로 천장에 매립형으로 설치되며 다운라이트, 관형 형광등, LED 패널, 루버 조명 등이 대표적인 전반 조명 기구다. 또한, 트랙 조명(레일 조명)은 전반 조명으로도 사용되지만, 기구의 이동성과 각도 조절이 가능하다는 장점을 활용해 악센트 조명이나 특정 영역 강조에도 효과적으로 활용할 수 있다.

작업·영역 조명 Functional Lighting : 기능보다 목적에 중점

전반 조명만으로는 부족한 밝기를 보완하며 보다 기능적인 목적에 중점을 둔다. 계산대, 포장 구역, 피팅룸, 뷰티존처럼 고객의 활동이 일어나는 구역에는 작업 조명이 필요하고, 제품 체험 존이나 테이블 위처럼 공간의 분위기를 살려야 하는 곳에는 영역 조명을 활용할 수 있다. 작업 조명은 라이트바(LED 바), 거울 조명, 국부 간접 조명(피팅룸 등)이 사용되고 영역 조명은 펜던트 조명, 라인 조명, 플로어 램프, 테이블 램프 등이 사용된다.

악센트 조명 Accent Lighting : 시각적 포인트로 상품의 매력 부각

특정 상품이나 공간에 시각적인 포인트를 주는 조명으로 고객의 시선을 집중시키고 상품의 매력을 부각하는 데 효과적이다. 명암의 대비를 활용해 강조하고 싶은 영역에 집중도를 높이며, 상품이나 마네킹, 브랜드 보드, 디스플레이 포인트 등을 눈에 띄게 연출해 고객의 주목도를 높이고 구매 욕구를 자극한다. 또한, 브랜드 메시지나 프로모션의 전달력을 강화하는 데도 유용하며, 고객의 감성에 가장 직접적으로 영향을 주는 조명이기도 하다. 주로 사용되는 조명은 레일 조명, 스

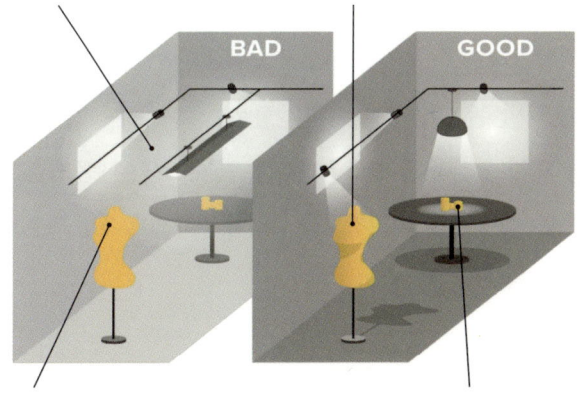

그림 9. **악센트 조명 설계 비교:** 집중 조도의 유무에 따른 상품 강조 효과[9]
왼쪽은 일반 조명만 사용한 사례로 상품이 배경에 묻히는 반면, 오른쪽은 3:1 비율의 악센트 조명을 적용하여 시선이 효과적으로 집중됨

TIP	조도 설계

- 쇼윈도, 디스플레이 존, 포컬 존 등은 집중적인 조도로 시선을 모은다.
- 통로, 입구, 피팅룸 등은 낮은 조도로 긴장을 풀고 자연스러운 흐름을 만든다.
- 구역별로 조도 레벨을 다르게 하면 공간에 리듬이 생기고 고객 동선이 자연스럽게 유도된다.

[9] 출처: Ideas.rl.studio

팟 조명, 핀 조명(좁은 빔 각의 집중 조명), 선반 속 LED, 진열장 내부에 설치되는 쇼케이스 전용 조명 등이다.

이때 조명의 위치와 각도 설정(에이밍Aiming)이 매우 중요하다. 잘못된 각도는 오히려 상품의 매력을 떨어뜨릴 수 있기 때문이다. 일반적으로 전반 조명보다 3~4배 밝은 강도를 설정하면 악센트 조명 특유의 시선 유도 효과를 극대화할 수 있다.

매장의 분위기를 연출한다

색온도는 조명에서 느껴지는 색감의 따뜻함과 차가움을 수치로 나타낸 개념이다. 낮은 색온도일수록 노란빛을, 높은 색온도일수록 푸른빛을 띠며 이 차이는 공간의 분위기와 정서를 결정짓는 중요한 요소가 된다.

낮은 색온도(2700~3000K)는 노란빛 계열로 따뜻하고 안정적인 분위기를 형성한다. 서점, 카페, 가정용 가구 매장 등 아늑함을 강조하는 공간에 적합하다. 일부 색온도 스펙트럼 이미지에는 1000K대의 구간도 표현되지만, 이는 주로 특수 연출이나 무대 조명에 활용되며 매장 환경에서는 거의 사용되지 않는다. 중립 색온도(4000K)는 백색광으로 상품의 실제 색상을 자연스럽게 표현할 수 있어 의류 매장이나 생활용

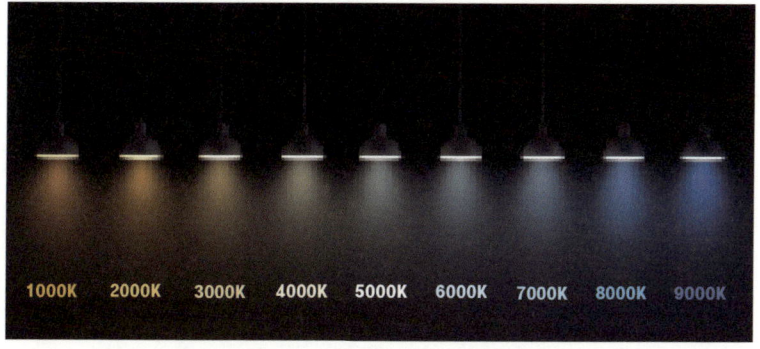

그림 10. 색온도는 숫자가 높아질수록 푸른빛을 띠며 시원하고 세련된 분위기를, 숫자가 낮을수록 노란빛을 띠며 따뜻하고 편안한 분위기를 연출한다.

품 매장처럼 균형 잡힌 연출이 필요한 공간에서 유용하다. 높은 색온도(5000K 이상)는 푸른빛 계열로 정제되고 청결한 이미지를 전달하며 전자제품 매장, 병원, 전문 서비스 공간 등에서 자주 사용된다. 공간의 기능과 전달하고자 하는 감성에 따라 색온도를 전략적으로 선택하면 조명만으로도 매장의 인상을 크게 바꿀 수 있다.

TIP   색온도 활용

- 같은 상품이라도 어떤 빛을 받느냐에 따라 인상이 달라지므로 상품 특성과 분위기에 따라 색온도를 조절해야 한다.
- 고객이 느끼는 정서적 안정감, 몰입도, 신뢰도에 영향을 줄 수 있으므로 공간 성격에 따라 전략적으로 사용한다.

색온도와 조도의 조합으로 뚜렷해지는 매장 분위기

빛은 공간의 분위기를 바꾸고 머무는 감정을 조율하기 때문에 특히 색온도와 조도의 조합이 매장의 분위기를 좌우한다. 따뜻하거나 차가운 온도감, 밝거나 은은한 빛의 농도는 각각의 성질만으로도 역할을 하지만 두 요소가 조화를 이루면 공간은 훨씬 정교하게 구성된다.

색과 밝기의 균형은 상품의 디테일을 더 선명하게 드러내고 공간의 성격을 명확하게 구분 짓는다. 그래서 조명은 매장의 기능과 분위기를 동시에 설계하는 실질적인 수단이다.

- **따뜻한 색온도 + 낮은 조도**: 아늑함을 강조하는 조합으로 서점, 카페, 가정용 가구 매장에 적합
- **중립적 색온도 + 중간 조도**: 상품이 돋보이면서도 편안한 분위기를 조성하여 의류 매장, 생활용품 매장에 적합
- **차가운 색온도 + 높은 조도**: 정확성과 전문성을 강조하며 전자제품 매장, 병원, 약국 등에서 효과적

색온도와 조도는 고객의 쇼핑을 편안하게 하고 상품의 색감과 디테일을 정확히 전달하기 때문에 조명의 정교한 설계가 더욱 중요하다.

| TIP | 조명 설계 시 주의점 |

- 너무 밝은 조명은 고객에게 피로감을 줄 수 있어 매장의 면적과 높이에 따라 조절한다.
- 노후되거나 고장 난 깜빡이는 조명은 고객에게 불편함과 브랜드 인식에 악영향을 미친다.
- 에너지 효율성을 고려해야 할 때 LED 조명을 사용하면 효과적이다.
- 조명이 상품의 실제 색상을 왜곡하지 않도록 주의해야 한다.
- 상품보다 시선을 끄는 조명 디자인은 피한다.

디스플레이를 완성한다

조명의 위치와 방향 설정, 즉 '에이밍Aiming'은 공간 연출에서 가장 섬세한 마무리다. 같은 상품이라도 빛을 받는 각도에 따라 극적인 존재감을 드러내기도 하고, 반대로 디테일이 묻혀 시선을 끌지 못할 수도 있다.

위에서 내리쬐는 다운 라이트는 상품의 형태를 명확하게 보여주고 공간을 안정적으로 정돈하지만 강도가 지나치면 불필요한 그림자가 생겨 디테일을 가릴 수 있다. 반면 측면에서 들어오는 빛은 가죽의 결, 유리의 광택, 패브릭의 주름처럼 섬세한 질감을 생생하게 살려낸다.

그림 11. 테이블·스테이지: 테이블 중심보다 앞에 설치 후 각도는 35~45도가 자연스럽고, 상품 질감 표현과 시선 유도에 효과적

그림 12. 벽면: 조명이 천장에서 약 30~35도로 벽면을 향해 에이밍, 중앙 포컬 포인트 및 벽면 진열 효과가 더욱 선명

그림 13. 조명 에이밍 각도에 따른 눈부심 차이 비교[10]

왼쪽   다운 라이트가 유리 쇼케이스 바로 위를 비추면 빛이 유리에 반사되어 고객의 눈을 직접 자극한다. 이때 조명 각도를 조정하거나 간접 조명, 스포트라이트로 대체할 수 있다.

오른쪽   다운 라이트를 고객 뒤쪽 방향에서 사선으로 비추면 유리 반사로 인해 눈부시지 않다.

10   출처:《장사 잘하는 점포의 상품 진열 테크닉》, 나가시마 유키오(이미지 편집)

또한, 바닥에서 위로 올려 비추는 역광은 익숙한 시선 방향과 달라 독특한 입체감과 긴장감을 더한다. 진열장이나 선반 속에 숨겨진 간접 조명, 또는 라인 조명처럼 흐르듯 퍼지는 빛은 상품과 공간을 한층 더 깊고 고급스럽게 만들어준다.

직접적으로 빛이 닿지 않더라도 주변을 부드럽게 감싸며 전체 분위기를 은은하게 완성하기 때문이다. 빛이 닿는 방향 하나만 달라져도 공간의 밀도와 감정선은 전혀 다른 결을 갖게 된다. 그것이 조명이 연출이 아니라 설계인 이유다.

빛의 방향이 공간에 미치는 네 가지 효과

에이밍은 조명의 방향과 각도를 정밀하게 조정해 공간과 상품의 인상을 가장 효과적으로 설계하는 기법이다. 이 조명 설계는 다음 네 가지 방식으로 공간에 영향을 준다.

- **강조와 주목성**: 특정 상품이나 오브제를 시각적으로 강조하여 고객의 시선을 명확히 유도한다. 예컨대 패션 매장의 주력 아이템이나 갤러리의 작품에 스포트라이트를 비추는 방식이 여기에 해당한다.
- **빛의 효율성 극대화**: 정확히 조준된 조명은 불필요한 빛 낭비를 막아 에너지를 절약하며 원치 않는 그림자나 눈부심을 방지한다.

- **공간 분위기 조절**: 조명의 각도와 빛의 방향만으로 공간의 분위기나 콘셉트를 뚜렷하게 나타낼 수 있다. 벽면을 은은히 비추어 따뜻한 느낌을 주거나 강렬한 한 줄기 빛으로 극적인 명암 효과를 만들 수도 있다.
- **눈부심Glare 최소화**: 잘못된 조명 각도는 고객의 시선을 방해하며 불편함과 피로감을 유발한다. 올바른 에이밍은 쾌적한 환경을 유지하는 기본 조건이다.

조명은 매장을 기억하게 하는 장치

공간의 분위기가 좋다고 느끼는 데는 다양한 요소가 있지만, 특히 조명의 역할은 결정적이다. 조명의 종류는 공간과 상품 이미지에 자연스럽게 녹아들어야 하며 적절한 밝기와 색온도, 그리고 정확한 에이밍이 더해졌을 때 비로소 매장을 기억하게 하는 가장 직관적인 장치가 된다.

공간을 채우는 빛은 그 자체로 매장의 첫인상을 형성하고 시간이 흐를수록 고객의 기억 속에 또렷한 잔상을 남긴다. 단 한 번의 방문만으로도 그 매장의 분위기를 쉽게 떠올리게 하는 힘이 바로 조명의 설득력이다. 매장의 콘셉트에 따라 빛은 차분하고 은은한 여운을 남기기도 하고, 활력 넘치는 생동감을 불어넣기도 한다.

조명의 방향, 밝기, 색온도, 조도의 미묘한 변화까지 이 모든 요소는 고객이 매장을 어떻게 경험할지를 정교하게 설계하는 전략적 수단이다. 특히 조명의 에이밍은 상품만을 비추는 역할에 머물지 않고 공간 전체에 리듬과 흐름을 만들어낸다. 고객은 빛이 이끄는 방향을 따라 자연스럽게 움직이며 조명이 머무는 곳에서 브랜드의 메시지와 이야기를 발견하게 된다. 이는 공간 안에서의 순간을 감각적으로 조율하는 과정이자 브랜드의 정체성을 시각 언어로 풀어내는 작업이기도 하다.

또한, 조명은 계절이나 테마, 심지어 하루의 시간대에 따라 다르게 연출되면서 공간에 리듬을 만들어낸다. 같은 공간이라도 조명이 달라지면 완전히 다른 표정을 띠게 되고 이는 고객에게 반복 방문할 수 있는 새로운 이유를 제공한다. 때로는 은은한 조명으로 고객이 매장에 오래 머물도록 유도하고 때로는 명확하고 강렬한 조도로 상품의 매력을 더욱 선명하게 부각한다.

이렇듯 조명은 기능적 도구의 역할을 뛰어넘어 공간을 생동감 있게 만드는 VM의 핵심이다. 기억에 남는 매장에는 반드시 뛰어난 조명 설계가 숨어 있다. 공간 전체에 감각과 깊이를 더하고, 브랜드의 성격을 선명하게 드러내며 고객의 감정을 섬세하게 자극하는 조명. 그 빛은 매장이라는 무대 위에서 가장 먼저 등장하여 마지막까지 여운을 남

BYREDO 체험공간: 침구와 조명으로 만들어낸 몰입의 세계

기는 조용하지만 강렬한 주인공이다. 그래서 조명은 눈으로만 보는 것이 아니라 마음에 남는 빛이다.

고객이 매장을 떠난 뒤에도 그 공간의 온기를 기억하게 만드는 가장 조용한 설득이다.

PART 3

Item Presentation

고객을 부르는
진열 테크닉

매장에 들어섰을 때 진열이 흐트러지고 어수선하다면 아무리 뛰어난 상품이라도 눈에 잘 들어오지 않는다. 그 순간 고객은 자연스럽게 흥미를 잃고 발걸음을 돌리기 마련이다. 실제로 매장 공간의 약 70%는 진열Item Presentation로 구성되어 있어 진열 상태에 따라 매장이 주는 인상도 크게 달라진다. 진열의 완성도는 그 자체로 고객의 반응을 이끌고 구매 의욕에까지 영향을 미친다. 그래서일까. 매장을 둘러보다 보면 정돈되어 있는 듯하지만 어쩐지 마음이 가지 않는 공간이 있는가 하면 특별한 장식 없이도 자연스레 눈길이 머무는 곳도 있다. 상품이 어떤 방식으로 놓여 있는지, 시선이 어떤 흐름을 따르는지에 따라 공간은 전혀 다른 분위기를 자아낸다. 같은 제품이라도 배치 방식에 따라 세련되어 보이기도 하고, 반대로 무심하게 느껴지기도 한다.

　　진열은 깔끔하게 정리되어 있어야 하는 것은 기본이다. 그러나 거기서 멈추지 않고 매장의 분위기를 형성하고 브랜드가 지닌 감성을 고객이 자연스럽게 느끼게 하는 장치가 되어야 한다. 그래서 '정돈된 진열'은 출발선일 뿐이다. 진열의 진짜 목적은 고객의 발걸음을 멈추게 하고, 손이 닿게 하며, 다시 찾고 싶은 공간을 만드는 데 있다. 그것이 진열이 가진 매력이며, 설계이고, 감각이다.

어떤 상품을 고객에게 보여줄 것인지, 어떻게 표현해 구매로 이어지게 할 것인지는 진열의 핵심 고민이다. 진열은 이성적인 정보 전달 수단일 뿐 아니라, 매장의 미적 환경을 조성하고 고객이 상품을 쉽게 선택할 수 있도록 돕는 도구이기도 하다. 진열의 효과는 상품을 보여주는 것만으로 완성할 수 없다. 직접 만지고 체험할 수 있는 기회를 제공할 때 진열은 더욱 효과를 발휘한다. 이는 오프라인 매장만이 줄 수 있는 경험이며 온라인과의 가장 큰 차별점이다.

오늘날 소비자는 온라인과 오프라인을 넘나드는 '크로스오버 쇼핑Cross-over Shopping'을 즐긴다. 오프라인 매장에서도 온라인처럼 쉽고 빠른 쇼핑을 기대하는 이유다. 온라인이 가격과 편의성에서 경쟁력을 갖췄다면, 매장은 고객이 머물고 움직이며 집중할 수 있는 흐름을 만들어야 한다. 잘 짜인 동선과 입체적인 진열 방식은 공간에 리듬을 더하고 방문자에게 몰입의 순간을 제공한다. 이는 화면이 아닌, 몸으로 느끼는 경험이며 오프라인 매장의 본질이다.

고객이 매장을 걷는 동안 상품이 자연스럽게 눈에 들어오고, 시선을 따라 하나씩 발견되도록 구성해야 한다. 높낮이의 리듬, 상품 간의 간격, 시야에 먼저 들어오는 위치 이 모든 요소가 조화를 이루면 고객의 관심은 자연스럽게 이어진다. 이처럼 오프라인 매장의 진짜 매력은 화면 속 정보가 아니라, 손으로 만지고 눈으로 비교하고 직관적으로 느끼는 감각적으로 체험하는 순간에 있다. 이때 필요한 건 명확한 가격표 하나, 간결한 문구 하나면 충분하다. 정보가 손에 잡히고 구성의 흐름이 눈에 들어올 때 고객은 비로소 움직이기 시작한다.

상품을 전면에 배치할 때도 단지 시선을 끄는 데 그쳐서는 안 된다. 이 상품이 왜 중요한지, 어떤 가치를 지녔는지 그 이유가 공간 속에서 자연스럽게 전달되어야 한다. 말보다 먼저 반응을 이끄는 것, 그것이 진열의 힘이다.

01
손이 가는 매장은
어떻게 만들어지는가

상품을 선택하게 하는 진열의 힘

진열은 상품을 진열대 위에 배열하는 행위로 보일 수 있지만 그 핵심은 고객의 움직임을 어떻게 유도하느냐에 있다. 매장 안에서 고객이 어떤 경로로 걷고, 무엇에 시선을 두며, 어디에서 머무는지를 이해하는 것이 진열 전략의 시작점이다. 이러한 흐름을 설계하는 과정에서 동선은 중요한 역할을 한다. 동선은 고객의 시선을 이끌고 머무는 시간을 조절하며 구매 행동으로 이어지는 구조를 만든다.

많은 소비자는 매장에 들어선 직후 오른쪽으로 향한다. 이는 북미,

유럽, 한국 등 우측통행이 일반화된 문화권에서 공통으로 나타나는 소비 행동으로 실제로 여러 연구에서 고객의 약 70%가 입구에서 오른쪽으로 이동한다고 보고된다. 이처럼 움직임이 집중되는 구역은 '핫존Hot Zone'이라고 불리며 신상품이나 인기 제품, 프로모션 상품을 배치하기에 가장 유리한 공간이 된다.

이러한 이동 성향은 국가별 보행 문화와도 연결된다. 예를 들어, 일본처럼 좌측통행이 일반화된 지역에서는 왼쪽으로 움직이는 경향이 두드러진다. 따라서 글로벌 브랜드라면 매장이 위치한 지역의 보행 습관과 문화적 특성을 고려해 동선을 조정해야 한다. 또한, 모든 매장이 동일한 흐름을 갖는 것은 아니다. 입구의 위치, 내부 구조, 프로모션 유무, 포컬 포인트의 배치에 따라 동선은 다양하게 바뀔 수 있으며 그에 따른 진열 구성도 변화를 준다.

동선 설계에 따른 진열 배치는 고객을 매장 안으로 이끌고, 머무르게 하며, 구매로 이어지게 만드는 하나의 흐름으로 그 흐름 위에 집기가 배치되고 그 위에 상품이 올라 진열이 구성된다.

시선을 사로잡는 진열의 법칙

백화점 장난감 코너에는 진열의 법칙이 잘 드러난다. 진열대 가장 위에는 상대적으로 저렴한 제품을 배치하고, 아래로 내려갈수록 가격이 높은 상품을 놓는다. 겉보기엔 가격 순서처럼 보이지만 그 이면에는 명확한 심리 전략이 숨어 있다. 아이들은 키가 작아 눈높이도 낮다. 따라서 아이들 눈높이에 가장 잘 보이는 중간과 아래 칸에 가격이 높고 인기 있는 상품을 배치해 아이들이 자연스럽게 관심을 갖고 부모에게 사 달라고 조르도록 유도한다.

반면, 맨 위쪽 칸은 부모의 시야에만 들어오고 아이 손이 닿기 힘든 위치다. 여기엔 가격이 저렴하면서도 무난한 상품을 둔다. 부모는 아이의 요구가 부담스러울 때 자연스럽게 위쪽 상품을 선택하고 아이를 달랜다. 결국 이 진열 방식은 시선을 따라 심리를 자극하고 심리를 따라 구매가 이루어지도록 설계된 전략이다. 고객이 무엇을 보고 어떻게 반응할지, 누구의 시선이 결정권을 가지는지, 그리고 그 순간 어떤 감정이 개입하는지를 모두 고려한 진열이야말로 구매를 결정짓는 핵심이다.

진열의 법칙 1. 고객의 시선에 맞춘다

사람의 눈은 많은 것을 보는 듯해도 실제로는 매우 제한된 범위만 선명하게 인식한다. 고개를 움직이지 않고 정면을 바라볼 때 양쪽 눈이 공유하는 시야는 수평 약 120°, 수직 약 130° 정도다. 이 중에서도 정확히 인식되는 중심 시야는 수평·수직 각각 약 25° 내외에 불과하다. 따라서 고객이 매장에서 상품을 바라볼 때 실제로 선명히 보는 구간은 전체 진열 공간 중 극히 일부에 불과하다.

이러한 시야의 특성을 이해하면 상품 배치보다 더욱 중요한 것은 고객이 상품과 정보를 또렷하게 볼 수 있도록 만드는 일이다. 가격표, POP, 제품 설명 카드 등 구매를 돕는 정보는 반드시 고객의 중심 시야 안에 들어와야 효과가 있다. 상품이 보여도 가격표가 보이지 않으면 망설임이 생기고 불편한 느낌은 구매를 방해하는 요소가 된다.

정보 전달 도구는 상품 옆이나 아래에 무작정 붙이기보다 상품과 동시에 자연스럽게 인식되는 위치에 배치해야 한다. 어린이 고객이 많은 매장이라면 낮은 위치에, 성인 고객이 많다면 조금 더 높은 위치로 눈높이를 기준으로 한다. 결국 진열은 상품의 위치보다 고객의 시선이 어디를 향하는지를 먼저 고려해야 한다. 보이지 않는 상품은 선택되지 않으며 시야는 곧 선택의 가능성을 결정짓는다.

시야와 진열의 관계

사람은 책을 읽을 때처럼 왼쪽에서 오른쪽으로 시선을 움직이는 습관이 있다. 이 시각적 흐름은 진열에도 그대로 반영할 수 있다. 고객이 매장 안에서 상품을 바라볼 때 무엇을 먼저 보고 어디에 시선을 오래 두는지 예측할 수 있기 때문이다. 이 흐름을 활용하면 진열 전략은 더욱 정교해진다.

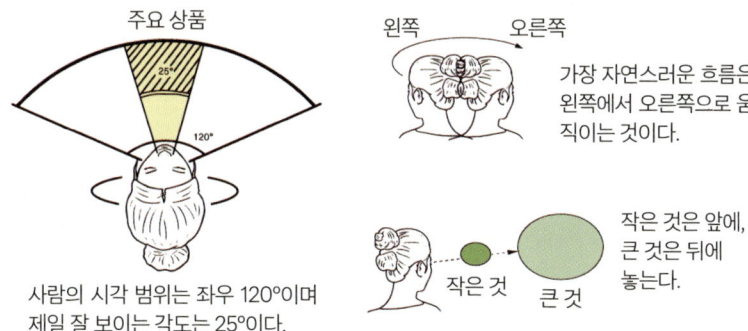

그림 14. 인간의 시야 범위

매장 입구 왼쪽에는 고객의 시선을 사로잡을 수 있는 강렬한 비주얼 요소나 이벤트 프로모션을 배치한다. 이는 시선이 왼쪽에서 오른쪽으로 자연스럽게 흐르는 소비자 심리에 기반한 전략으로 강한 컬러와 테마성 연출 등을 통해 첫 시선을 집중시키는 데 효과적이다. 반면 매장 입구 오른쪽은 고객이 자연스럽게 이동하면서 접근하게 되는 '핫존'으로 설정한다. 이 공간에는 주력 상품이나 마진이 높은 제품을 배치하여 시선을 유도하는 동시에 실제 구매로 연결될 수 있도록 구성해야 한다. 고객은 먼저 눈에 띄는 왼쪽에서 시선을 사로잡히고 이어서 오른쪽으로 이동하며 상품을 비교하고 선택하게 된다. 이 과정에서 오른쪽에 배치된 상품이 더 매력적이거나 합리적으로 느껴지면 구매 가능성이 자연스럽게 높아진다.

이 전략은 고객의 '걷는 동선'에만 맞추는 것이 아니라 '시선이 흐르는 방향'을 설계해 상품을 효과적으로 노출하고 구매로 연결하는 방법이라고 할 수 있다.

진열의 법칙 2. 고객의 손높이에 맞추다

매장에서 고객의 구매를 끌어내기 위해 중요한 것은 단지 좋은 상품만이 아니다. 그 상품을 어떻게 보여주느냐, 즉 어떻게 배치하느냐가 관건이다. 같은 상품이라도 공간을 어떻게 활용하느냐에 따라 훨씬 더 매력적으로 보일 수 있다. 이때 효과적인 방법 중 하나는 사람의 키를 기준으로 공간을 나누고 고객의 시선과 동선을 고려해 전략적으로 진열하는 것이다. 이렇게 구성된 진열은 고객의 관심을 자연스럽게 유도하고, 구매로 연결될 확률을 높여준다.

상품 진열 공간은 일반적으로 다음 세 가지로 구분할 수 있다.

- **골든 스페이스**Golden Space : **주목도가 가장 높은 위치**

골든 스페이스는 고객의 눈높이를 기준으로 설정하는 가장 주목도가 높은 위치를 의미한다. 일반적으로 바닥에서 약 120~160cm 높이 구간이 골든 스페이스로 간주하며 상품을 가장 효과적으로 노출할 수 있는 최적의 높이로 알려져 있다. 핵심 상품은 이 골든 스페이스에 배치하는 것이 구매 유도에 유리하다. 단, 매장의 타깃 고객(예: 아동,

시니어)이나 통로 폭, 집기 사양에 따라 최적 높이는 조정할 필요가 있다. 예를 들어, 어린이 매장에서는 골든 스페이스가 더 낮게 설정되며 (90~120cm), 대형 매장에서는 통로를 고려해 약간 높이거나 낮출 수 있다. 홈플러스는 100~160cm 사이를 골든 존[11]으로 설정하고 고객의 평균 키 변화에 따라 이 범위를 조정할 수 있다고 한다.

- **하단 공간(90cm 이하): 재고 상품 진열**

허리를 굽혀야 볼 수 있는 위치로 주로 가격 민감도가 높은 상품이나 재고 상품을 진열하는 데 적합하다. 눈에 띄는 영역이 아니기 때문에 가성비를 강조하거나 다량 구매를 유도하는 상품을 배치하는 전략이 효과적이다.

- **상단 공간(180cm 이상): 매장 분위기 연출**

손이 닿기 어려운 위치로 직접적인 판매보다는 브랜드 이미지를 연출하거나 매장의 분위기를 조성하는 데 적합하다. POP, 이미지 보드, 장식 요소 등을 활용해 시선을 위로 유도하면 공간이 더 넓고 풍성하게 느껴지는 효과도 함께 얻을 수 있다.

---

[11] 출처: www.mk.co.kr/news/economy

집기의 높낮이와 배열 방식에 따라서도 공간에 리듬이 생긴다. 모든 진열이 같은 높이로 평대로 정렬되면 공간이 단조로워지고 고객의 시선이 머물지 않는다. 낮은 테이블과 높은 진열대를 교차하거나, 각도를 살짝 다르게 구성하는 것만으로도 시선을 유도하고 공간에 리듬감을 줄 수 있다.

진열과 진열 사이의 빈 공간 역시 중요하다. 여백은 단지 비어 있는 공간이 아니라 고객이 시선을 멈추고 상품을 받아들일 수 있도록 도와주는 여유 공간이다. 모든 구역을 촘촘하게 채우기보다 시선이 잠시 쉴 수 있는 구간을 의도적으로 남겨두는 것이 좋다. 또한, 모든 상품을 고객의 눈높이에 맞춰 진열하는 것은 현실적으로 어렵다. 중요한 것은 판매율이 높은 상품과 보조 상품을 조합해 전략적으로 배치하는 일이다. 핵심 상품이 잘 보이는 자리에 위치할 수 있도록 하되 함께 구매할 가능성이 큰 상품들을 주변에 함께 구성하면 구매 전환율을 높일 수 있다.

진열 방식은 매장의 환경과 상품의 특성에 따라 유연하게 조정되어야 한다. 상품 하나하나를 독립적으로 배치하기보다는 고객의 시선 흐름과 이동 동선을 고려한 흐름 속에서 연출하는 것이 효과적이다. 예를 들어, 고객이 매장 안으로 자연스럽게 들어와 주요 진열 존에서 멈추고 그다음 구매로 이어지도록 유도하는 구조가 필요하다. 진열은 고객 행동 패턴과 매장 동선을 정밀하게 읽어내는 설계 작업이다.

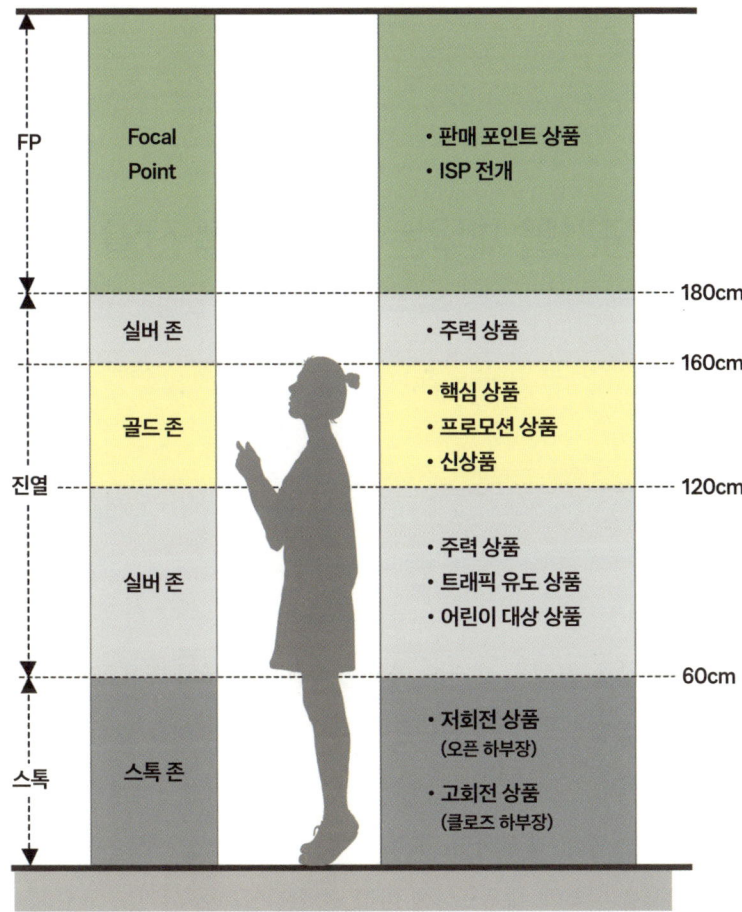

그림 15. 고객 시야 선과 손 높이에 따른 진열 구역

상품 진열 위치와 상품이 놓이는 집기의 높이와 배치 기준까지 함께 알려주는 이미지다. 상품을 고객의 눈높이나 손이 닿는 위치에 효과적으로 전개하려면 그에 맞는 집기 구조를 준비하고, 고객 시선을 끌기 위한 POP나 연출 요소를 집기의 상단과 자연스럽게 연결되도록 배치해야 한다.

02

공간을 채우는 기술, 상품 진열

효율적인 상품 진열은 고객이 원하는 상품을 빠르게 찾을 수 있도록 도와주며 쇼핑 동선과 시간을 줄여 원활한 구매 경험을 만든다. 이를 위해서는 매장에 들어선 순간부터 상품 배열이 직관적으로 인식되도록 구성하는 것이 중요하다. 고객의 선택은 입장 직후부터 시작된다. 이때 매장을 어떻게 채우느냐에 따라 진열은 설득이 되기도 하고 방해가 되기도 한다.

    진열은 상품을 보기 좋게 놓는 것을 넘어 이해하고 손이 가고 구매로 이어지게 하는 설계 행위다. 상품의 방향과 높이, 분류 방식, 진열 밀도와 리듬까지 모든 요소가 유기적으로 작용해야 한다. 이 장에서는 매장 구성에서 자주 활용되는 다섯 가지 진열 기법을 중심으로 공간을 효율적으로 채우는 실전 전략을 살펴본다.

찾기 쉽게: 수직, 수평 진열과 그룹핑 진열

상품을 진열할 때 수직 진열과 수평 진열, 그리고 그룹핑 진열은 각각의 장점이 있어 상품의 특성에 따라 적절히 활용하는 것이 중요하다.

수직 진열: 상품을 찾기 쉽게

수직 진열은 동일한 디자인이나 아이템을 한 줄로 배치하여 고객이 시선을 상하로만 움직이며 상품을 쉽게 찾을 수 있도록 하는 방식이다. 상품별 회전율이 비슷할 경우 수직 진열이 더 효율적이다. 또한, 동일 품목을 배치할 때 다양한 디자인을 한눈에 비교할 수 있어 선택이 용이하다. 긴 진열장의 경우 가로로 배열하면 고객이 다시 돌아가야 하는 불편함이 생길 수 있지만 수직 진열을 하면 한 자리에서 비교가 가능하다.

수평 진열: 상품의 기능, 차이점을 강조

수평 진열은 상품의 기능이나 차이점을 강조하는 데 효과적이며 고객의 시야 흐름과 자연스럽게 연결되는 방식이다. 인간의 시야는 수직보다 수평으로 발달되어서 왼쪽에서 오른쪽으로 상품을 비교하는 것이 더 자연스럽다. 왼쪽에서 오른쪽으로 갈수록 작은 사이즈에서 큰 사이즈 순으로 수직 진열하고, 컬러 그룹을 강조하는 상품이나 제안 상품 등은 수평 진열이 더 효과적일 수 있다. 즉 상품의 구체적인 기능이나 상품의 비교를 보여주려면 수평 진열이 유리하다.

언제, 어떤 진열 방식을 선택할까?
- 상품의 종류를 한눈에 비교해야 할 때 → 수직 진열이 유리
- 상품의 기능을 상세히 보여줘야 할 때 → 수평 진열이 효과적
- 좁고 긴 진열대에서는 수직 진열이 고객 동선에 유리
- 컬러별·사이즈별 정리가 필요한 상품은 수평 진열이 적합

상품의 특성과 고객의 쇼핑 행동을 고려하여 수직 진열과 수평 진열을 적절히 활용하면 매장의 효율성과 고객 편의성이 동시에 향상될 수 있다.

해롯백화점 식품관 초콜릿 종류별 패키지 컬러 그러데이션 수직 진열

동일 아이템 수평 진열

그룹핑 진열: 비슷한 상품이나 제품을 함께 배치

그룹핑 진열은 비슷한 상품이나 연관성이 있는 제품을 함께 배치하여 고객이 쉽게 비교하고 선택할 수 있도록 돕는 방식이다. 상품의 형태, 컬러, 사이즈 등의 요소를 기준으로 정리한다.

그룹핑 진열의 활용 방법
- **테마별 그룹핑**: 같은 디자인 상품, 비슷한 테마를 가진 상품을 함께 배치하면 색상과 패턴, 디자인 차이가 두드러진다.
- **컬러 그룹핑**: 상품을 컬러별로 배열하여 시각적으로 매력적인 진열을 만든다.
- **기능별 그룹핑**: 특정 기능이나 용도에 따라 묶어 진열하면 관련 상품을 쉽게 찾을 수 있어 목적 구매에 적합하다.
- **프로모션 그룹핑**: 특정 프로모션이나 할인 행사에 맞춰 관련된 상품을 그룹핑하여 진열한다.

패션 매장에서는 비슷한 스타일의 의류와 액세서리를 함께 배치하여 자연스럽게 스타일을 연상시키고, 문구점에서는 필기구, 노트, 파일을 같은 브랜드별로 정리하면 세트 구매를 유도하는 효과가 있다.

색상 그룹핑, 동일 색상을 활용하여 시각적 매력을 높인 문구 상품

계절에 따라 상품을 그룹핑 진열하는 것은 고객의 이해와 선택을 돕는 효과적인 전략이다. 예를 들어, 겨울에는 난방기구와 따뜻한 담요를 함께 구성해 '겨울철 필수 아이템 존'을 만들 수 있다. 고객은 필요한 제품을 한눈에 확인하고 자연스럽게 연관된 상품을 함께 구매하게 된다. 여름 시즌에는 등나무 소재의 조명등, 의자, 바구니 등과 함께 시원한 색감의 쿠션과 매트를 조화롭게 배치해 여름 인테리어 콘셉트를 쉽게 떠올릴 수 있는 구역을 구성할 수 있다. 이처럼 소파, 테이블, 쿠션 등을 콘셉트에 맞춰 그룹화하면 고객은 실제 생활 속 장면을 상상하며 상품 조합을 선택하게 된다.

그룹핑 진열은 충동 구매보다는 목적 구매에 더욱 적합하다. 관련성 있는 상품들을 하나의 테마로 모아 보여줄수록 고객의 이해도는 높아지고 구매 결정 역시 자연스럽게 이어진다.

보기 쉽게: 사이즈별·아이템별 진열

고객이 상품을 선택할 때 가장 먼저 하는 행동은 비교다. 비슷한 상품을 나란히 보며 용도나 가격, 기능을 비교하고 자신에게 맞는 것을 찾는다. 이때 상품이 명확하게 구분되어 진열돼 있다면 선택은 훨씬 쉬워진다. 특히 사이즈별, 아이템별 진열은 고객의 혼란을 줄이고 비교를 명확하게 만들어주는 실용적인 방식이다. 종류가 많은 매장에서 이

다양한 상품을 컬러와 디자인별로 모은 진열

런 정리가 잘 되어 있을수록 고객은 빠르게 원하는 상품을 찾고, 더 많은 상품을 살펴볼 여유도 생긴다.

아이템 진열: 보기 쉽고 관리하기 용이

고객이 원하는 상품을 쉽게 찾을 수 있는 매장은 대부분 진열 방식이 명확하다. 상품을 '카테고리'와 '아이템' 단위로 구분해 배열하면 매장 안에서의 동선과 시선이 훨씬 자연스러워지고, 고객은 혼란 없이 상품을 선택할 수 있다. 예를 들어, 스포츠 의류 매장에서는 '스포츠 의류'라는 범주 아래 요가복, 러닝복, 아웃도어 웨어처럼 아이템별로 나누는 방식이 적합하고, 베이커리 매장이라면 식빵, 케이크, 쿠키처럼 품목별로 나누는 것이 효과적이다. 생활용품 매장에서는 스테인리스, 도자기, 멜라민처럼 소재 중심의 분류가 이해도를 높일 수 있다.

진열은 보기 좋게 배열하는 것도 효과적이지만 상품 간의 조화를 고려하는 것이 중요하다. 예를 들어, 고급 나무 제품 옆에 저가형 플라스틱을 배치하면 고급 제품의 가치가 낮아 보일 수 있고 동양적 무드의 접시와 서양식 테이블 웨어를 함께 놓으면 전체적인 콘셉트가 흐려질 수 있다. 따라서 상품을 나눌 때는 용도나 기능뿐 아니라 가격대와 이미지의 통일성, 배치 분위기까지 함께 고려해야 진열의 완성도가 높아진다. 카테고리와 아이템 단위로 정리된 진열은 고객에게는 보기 쉽고, 운영자에게는 관리하기 쉬운 방식이다.

사이즈별 진열: 질서 있게 배치

사이즈별 진열은 가장 기본적인 진열 방식으로 작은 상품은 앞쪽과 위쪽에, 큰 상품은 뒤쪽과 아래쪽에 배치하는 것이 일반적이다. 규격 상품 또는 패키지 상품을 포함하여 크기가 다른 상품을 고객이 찾기 쉽게 사이즈 정리로 배열할 수 있다. 이렇게 정리하면 고객이 상품을 쉽게 찾을 수 있으며 진열의 질서감도 유지할 수 있다.

보통 상품을 바라보는 방향을 기준으로 왼쪽에서 오른쪽으로 크기가 커지도록 배열하며 앞쪽에서 뒤쪽으로, 위쪽에서 아래쪽으로 정리하는 것이 기본 원칙이다. 상품의 크기 차이가 클수록 이러한 정리가 더욱 중요해진다. 만약 큰 상품이 앞쪽에 있으면 작은 상품이 가려져 보이지 않기 때문에 작은 상품부터 배치하는 것이 효과적이다.

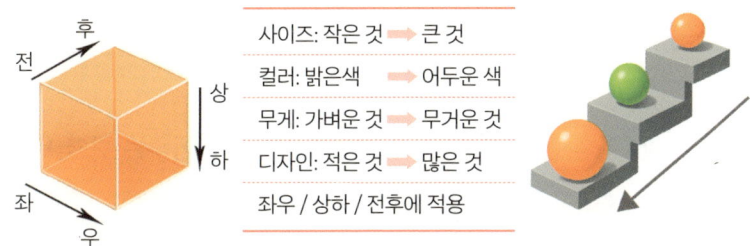

그림 16. 상품의 기본 진열

의류 매장의 경우 덩치가 큰 고객이 많은 매장에서는 큰 사이즈를 위쪽에 배치하는 방법도 고려할 수 있다. 일반적으로 작은 사이즈부터 위에서 아래로 진열하지만 덩치 큰 고객이 아래쪽 상품을 꺼내는 것이 어려울 수 있기 때문이다. 그러나 기본적인 진열 방식을 따르는 것이 고객의 혼란을 줄이는 데 도움이 된다. 실제로 유니클로에서는 한때 큰 사이즈를 위에 배치하는 방식을 시도했지만 현재는 다시 작은 사이즈에서 큰 사이즈로 배열하는 기본적인 방식을 유지하고 있다.

한편, 다양한 크기의 상품이 있는 매장에서는 사이즈별로 정리하면 상품이 균형 있게 배치되어 시각적으로 정돈된 느낌을 줄 수 있다. 특히 가공식품이나 생활용품 매장에서는 크기별로 정리함으로써 고객이 원하는 제품을 더욱 쉽게 찾을 수 있다.

상품을 매력적으로: 페이싱Facing 진열

페이싱 진열은 상품의 '얼굴'을 고객에게 명확히 보여주는 진열 방식으로 적은 수량으로도 매장을 풍성하고 정돈된 느낌으로 연출할 수 있다. 이 방식은 상품을 진열 선반의 앞쪽까지 전진 배치하고 위쪽 공간이 있다면 수직으로 쌓아 올려 입체감을 주는 것이 기본이다.

식품의 경우 제조일자가 빠른 상품을 전면에 배치하여 신선도를 유지하고 재고 회전을 원활하게 만드는 역할도 한다. 페이싱 진열이 중요한 이유는 모든 상품이 고유의 얼굴을 갖고 있기 때문이다. 상품의 정면을 고객 쪽으로 배치하면 멀리서도 시선을 끌 수 있고 상품의 용도나 특징을 직관적으로 전달할 수 있다.

라벨이 있는 상품은 상품명이 보이도록 정면을 맞춰 배치하고 박스 포장 상품은 앞뒤를 정확히 구분해 전면이 보이도록 구성한다. 또한, 입체형 제품(예: 장난감)은 전체 형태와 구조가 잘 드러나는 방향으로 진열해야 하며, 자연물(예: 과일)은 신선하고 색감이 좋은 면이 고객을 향하게 하여 신선한 이미지를 전달해야 한다.

정리하면, 페이싱 진열은 상품의 '보이는 면'을 통해 고객에게 가장 명확하고 매력적인 인상을 전달하려는 전략이다. 진열된 상품 수보다 '어떻게 보이느냐'가 중요해지는 진열 방식이며 특히 상품 인식과 구매 유도에 있어 핵심적인 역할을 한다.

의류 매장에서의 페이싱 진열도 동일한 효과를 볼 수 있다. 의류의

그림 17. 의류 매장에서의 진열 방식 구분
상품의 노출 방향에 따라 Face Out, Sleeve Out, Folded 방식으로 나뉘며 연출용(FP)과 정보 전달용(IP) 진열로 구분된다.

경우 일반적으로 행거에 걸려 있는 상품은 측면이 보이기 때문에 전면 디자인을 강조하기 어렵다. 따라서 코디된 스타일을 맨 앞에 배치하는 방식으로 페이싱을 활용하면 고객의 관심을 끌 수 있다.

페이싱을 결정할 때 고려해야 할 요소는 다음과 같다.[12]

- 고객이 상품을 선택할 때 중요하게 보는 면은 어디인가?
- 상품이 가장 넓게 보이는 면은 어디인가?
- 상품의 정보를 쉽게 확인할 수 있는 면은 어디인가?
- 컬러와 디자인이 가장 매력적으로 보이는 방향은 어디인가?
- 매장에서 진열이 용이한 방향은 어디인가?

이때 중요한 점은 단일 상품이 아닌 동일한 상품을 여러 개 배치할 경우 어떤 효과를 줄 수 있는지를 고려해야 한다는 것이다. 페이싱 진열은 상품을 고객이 쉽게 인식할 수 있도록 도와주며, 코디 상품을 함께 배치하면 스타일링 제안까지 가능해져 더욱 효과적인 진열이 될 수 있다.

[12] 출처: 《매장 만들기》, 한국체인스토어협회, 츠키야마 아키노리(내용 편집)

소형 매장에 효과적: 계단식 진열

매장은 공간이 제한적이기 때문에 상품 배치에 따라 고객의 시선과 매장의 분위기가 달라진다. 진열대를 층층이 구성하면 뒤쪽 상품도 잘 보이고 전체적으로 풍성한 진열이 가능하다. 평면 진열에서는 앞쪽 상품이 소진되지 않는 이상 뒤쪽 상품이 보이지 않아 매출로 이어지기 어렵지만 계단식 진열을 활용하면 뒤쪽 상품도 자연스럽게 노출되어 판매 기회를 높일 수 있다.

소형 매장은 공간이 제한적이기 때문에 상품 배치에 따라 고객의 시선과 매장의 분위기가 달라진다. 많은 매장이 입구 쪽에 평대를 두고 진열하지만 앞쪽 상품이 뒤쪽 상품을 가려 볼륨감이 사라지고 상품 노출이 되지 않는 단점이 있다. 이러한 문제를 해결하는 효과적인 방법이 계단식 진열이다.

계단식 진열은 고객이 제품에 손쉽게 접근할 수 있도록 하여 구매를 유도하는 데 효과적이다. 이때 제품이 너무 높거나 멀리 위치해 있으면 고객이 접근하기 어려워지므로 적절한 높이에서 진열하는 것이 중요하다. 또한, 제품을 수직으로 배열하여 고객의 시선을 끌고 접근성을 높이며 매장 내 공간 활용을 극대화하는 데 도움을 준다.

고객은 높이 쌓인 제품을 쉽게 인식하고 이를 통해 자연스럽게 구매 결정을 내릴 가능성이 높아지는데, 통로 측에서 진열 높이를 3단계로 나누어 배치하면 모든 상품이 눈에 잘 띈다. 통로 가까운 쪽은 낮은 상품을, 안쪽으로 갈수록 높은 상품이나 단을 활용하여 높게 배치하면 가시성이 높아진다. 입구 쪽에는 가격이 낮고 회전율이 높은 제품을, 안쪽에는 단가가 높은 제품을 배치하는 것이 효과적이다. 이런 방식으로 진열하면 적은 수량으로도 볼륨감을 살릴 수 있고 효과적인 진열이

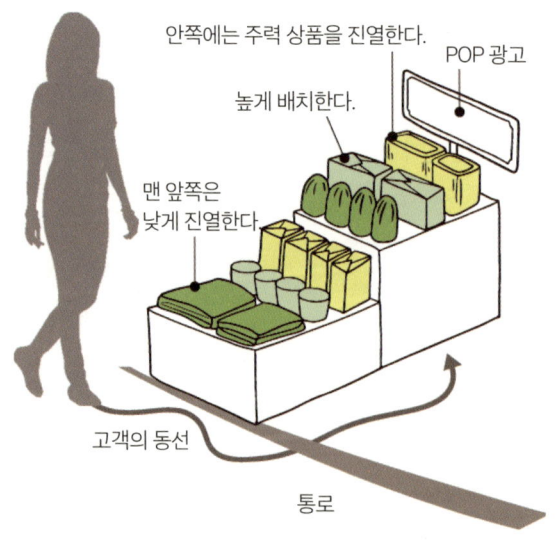

그림 18. 매대 높이에 따른 단계별 진열 전략[13]
상품의 가격대와 설명 필요성에 따라 매대 높이를 구분해 진열하고 앞쪽은 낮게, 뒤쪽은 높게 구성하여 고객의 시선 흐름과 동선을 자연스럽게 유도한다.

13 　　출처:《장사 잘하는 점포의 상품 진열 테크닉》, 나가시마 유키오(이미지 편집)

가능하다. 또한, 계절에 따라 쉽게 변경할 수 있는 장점도 있다. 이는 시즌에 맞는 제품을 강조하여 고객의 관심을 끌고 반복 방문을 유도할 수 있다.

> **TIP** 소형 점포 매대 진열 높이에 따른 단계별 진열
>
> - 1단계: 단시간 쇼핑 가능한 품목, 금액이 낮은 상품 진열
> - 2단계: 시간을 두고 천천히 고를 수 있는 상품, 간략 POP로 설명 추가
> - 3단계: 구체적인 설명이 필요하고 금액대가 높은 상품, POP, 이미지 보드 추가

관심 유도: 섬 진열 Island Display

매장 안에서 고객의 시선을 끌고 자연스럽게 발길을 멈추게 하는 방법 중 하나가 '섬 진열'이다. 섬 진열은 매장 바닥 중앙 또는 넓은 동선에 독립적으로 배치되는 진열 방식으로 주변과 분리되어 마치 '섬'처럼 떨어져 있는 형태의 진열대다. 이 진열 방식은 고객이 사방에서 자유롭게 접근할 수 있어 회전 동선을 유도하고 체류 시간을 늘리는 데 효과적이다. 주로 판촉 상품이나 신제품, 시즌 한정 제품을 강조할 때 사용되며 일반적인 벽면 진열보다 시각적 주목도가 높다.

상품 진열에 리듬을 주고, 관심을 이끈다

섬 진열은 매장 중심부나 넓은 동선에 독립적으로 배치되어 고객의 시선을 단번에 끌어당기고 발걸음을 멈추게 만드는 효과적인 진열 방식이다. 특히 신제품을 알리거나 '1+1', 반값 할인, 시즌 한정과 같은 프로모션을 진행할 때 강한 효과를 발휘한다. 모든 방향에서 접근 가능한 섬 구조 덕분에 고객은 자연스럽게 상품에 다가가 만져보고 비교하고 흥미를 느끼며 쇼핑에 몰입하게 된다.

섬 진열의 가장 큰 효과는 고객의 주의를 집중시키고 발걸음을 멈추게 만든다는 점이다. 고객이 매장에서 걷는 총거리는 하루 평균 4~5km에 달할 정도로 길다. 이런 긴 쇼핑 동선 속에 섬 진열이 적절히 배치되어 있으면 고객은 지루함을 느끼기보다 리듬감 있게 매장을 탐색하며 상품을 자연스럽게 살펴보게 된다.

예를 들어, 겨울이 시작되는 시점에 매장 입구 쪽에 첫 번째 섬 진열로 핫팩을 배치하고 그다음 섬에 수면양말, 또 그다음엔 무릎 담요를 전개한다면 고객은 계절 변화와 함께 일상에서 체감하는 실용성을 느끼며 쇼핑 흐름에 자연스럽게 몰입하게 된다. 이처럼 하나의 섬에서 흥미를 느낀 고객은 다음 섬으로 자연스럽게 이동하게 되고 매장 전반의 몰입도가 높아진다.

섬 진열을 효과적으로 운영하기 위해서는 몇 가지 주의할 점이 있다.

- **고가 상품은 피한다**: 고객이 쉽게 집을 수 있는 가격대의 제품이 적합하다.
- **회전율을 고려한다**: 진열량은 충분히 확보하되 신선도가 중요한 상품은 빠르게 교체될 수 있도록 관리해야 한다.
- **시작 지점의 위치가 중요하다**: 첫 번째 섬은 매장 입구에서 너무 가깝지 않게 고객의 시선이 안착하는 지점에 배치하는 것이 효과적이다.
- **소형 점포는 유연하게 대응한다**: 공간이 좁을 경우 입구 쪽 박스나 바구니를 활용한 스크램블 진열 방식도 섬 진열의 대안이 될 수 있다.

염가상품은 한곳에 모아 진열할 때 구매 유도가 더욱 효과적이다. 저렴하다는 인식은 '득템' 심리를 자극해 계획에 없던 소비까지 이끌 수 있기 때문이다. 반면 일반상품 사이에 섞어 진열하면 상대적으로 가치가 낮아 보일 수 있어 주의가 필요하다. 특히 오래된 상품처럼 인식되면 전체 매장의 이미지에도 부정적인 영향을 줄 수 있다. 따라서 염가상품은 입구나 통로 옆 박스, 바구니 등에 별도로 구성해 '저렴하면서 쓸 만한' 느낌을 직관적으로 전달하는 방식이 효과적이다.

섬이지만 다른 벌크 진열 Bulk Display

섬 진열과 유사하게 보일 수 있는 '벌크 진열'은 대량의 상품을 쌓아 올리는 방식이다. 박스를 그대로 쌓거나 팔레트 위에 상품을 올려놓는 형태로 저렴한 가격 이미지와 대량 구매의 실속을 강조하는 데 초점이 있다.

대형마트나 창고형 매장에서는 생수, 라면, 휴지처럼 대량 소비되는 제품을 벌크 진열 형태로 구성해 효율성과 '충분히 준비된' 안정감을 함께 전달한다. 반면 과일이나 채소처럼 낱개로 판매되는 상품은 테이블 위에 풍성하게 쌓아 고객이 직접 만지고 고를 수 있도록 진열되며 이때는 신선함과 활기찬 분위기를 강조하는 방식으로 사용된다.

섬 진열과 벌크 진열

두 진열 방식은 모두 공간 중앙에 배치되어 고객의 동선을 유도한다는 공통점이 있지만 목적과 연출 방식은 다르다. **섬 진열은 감각적인 연출과 테마 중심의 구성으로 고객의 몰입을 유도하는 데 중점을 두고, 벌크 진열은 대량 구성과 저렴한 가격을 강조해 실속 있는 소비 심리를 자극하는 데 초점을 맞춘다.**

매장의 콘셉트, 판매 상품의 특성, 고객의 소비 성향에 따라 두 전략은 각각 다르게 해석되고 적용될 수 있다.

03
고객의 구매 욕구를 자극하는 진열 전략

오늘날 소비자는 일방적인 메시지에 쉽게 움직이지 않는다. 광고에 대한 피로감과 정보 과잉 속에서 이제는 스스로 정보를 찾고 비교하며 '이해되는 제품', '믿을 수 있는 브랜드'를 선택하려는 성향이 강해졌다. 공감되는 표현, 신뢰감 있는 설명, 직접 경험해볼 수 있는 기회가 있을 때 구매로 이어지는 흐름이 만들어진다.

    진열 전략도 이러한 소비 흐름을 반영해야 한다. 상품을 보기 좋게 배치하는 것에서 더 나아가 고객이 제품의 특징을 빠르게 파악하고 스스로 필요성을 인식할 수 있도록 구성해야 한다. 상품 간 비교가 쉬운 배열, 함께 사용하는 모습을 떠올릴 수 있는 연관 배치, 한정성이나 시즌성을 활용한 감정적 자극까지 모두 고객의 관심을 이끌고 구매로 이어지게 만드는 중요한 장치가 된다. 이때 고객의 행동 흐름을 이해하는 것은 진열 전략을 설계하는 데 중요한 출발점이 된다.

자연스럽게 구매를 유도하는 연관 진열 전략

고객이 한 가지 상품에 관심을 보였을 때 그 흐름을 놓치지 않고 이어주는 것이 진열의 전략이다. **하나의 상품이 다른 상품으로 연결되며 확신과 설득을 완성하는 구조, 바로 그 지점에서 연관 상품 진열은 큰 효과를 발휘한다.**

 같은 상품이라도 어디에, 어떻게 배치하느냐에 따라 매출은 최대 4배까지 차이가 날 수 있다. 누구에게, 어떻게 팔 것인지에 대한 의도가 담긴 진열은 소비자에게 더 강한 설득력을 가지며 실제 구매로 이어질 가능성도 커진다. 예를 들어, 한 대형마트에서는 고구마 판매 코너 옆에 군고구마용 냄비를 함께 진열했더니 해당 냄비의 매출이 두 배 이상 증가했다. 이처럼 고객이 특정 상품을 볼 때 연상되거나 함께 사용하는 상품을 가까이 배치하는 방식을 연관 진열Cross Merchandising이라 한다.

 연관 진열은 소비자에게 "이걸 샀다면, 저것도 필요하지 않을까?"라는 생각을 불러일으키는 방식이다. 고객이 제품의 쓰임새를 자연스럽게 떠올릴 수 있도록 도와주며 별도의 설명 없이도 추가 구매를 유도할 수 있다는 점에서 매우 강력한 전략이다.

추가 구매를 유도한다

소비자의 동시 구매 욕구를 자극하여 매출을 극대화할 수 있다. 예를 들어 맥주와 안주, 우유와 시리얼, 삼겹살 옆에 숯과 돗자리처럼 자연스럽게 함께 구매할 수 있는 상품을 배치하면 고객의 구매율이 높아진다. '이거랑 세트로 사는 게 실용적이다' 또는 '혹시 필요할지 모르니 사 두자'라는 심리를 활용하여 추가 구매를 유도할 수 있다. 이렇게 하면 고객들에게 효율적인 쇼핑 경험을 제공하고 시간과 노력을 절약할 수 있다.

와인 판매 코너에 치즈를 함께 진열하는 매장이 점점 늘고 있으며, 최근에는 레시피나 사용 상황을 중심으로 구성된 진열 방식이 주목받고 있다. 예를 들어, 포트넘 메이슨에서는 와인과 치즈뿐 아니라 커틀러리, 도마 같은 주방용품까지 함께 배치해 고객이 와인과 치즈를 고를 때 필요한 도구들을 자연스럽게 연계해 구매할 수 있도록 설계하고 있다.

이러한 방식은 구매 동기를 유도하는 동시에 연관된 상품을 새로

샐러드와 소스 연계 진열

치즈와 와인, 커트리, 도마 등 주방용품과 함께 진열

운 방식으로 즐길 수 있도록 제안하며 미식가들에게는 하나의 감각적인 경험을 선사하는 공간으로 자리매김하고 있다.

'발견의 재미'와 '사용하는 즐거움'

연관 진열은 고객의 사용 맥락과 구매 흐름을 고려한 전략적 배치다. 관련 상품을 함께 제안하면 고객은 필요한 품목을 자연스럽게 떠올리고 여러 가지를 함께 구매할 가능성이 커진다. 이러한 이유로 대형마트, 백화점뿐만 아니라 편의점에서도 적극적으로 활용되고 있다. 컵라면 옆에 즉석밥을, 생수 옆에 휴대용 컵이나 미니 간식을 배치하는 방식처럼 고객의 동선 흐름을 따라 자연스럽게 연결되도록 설계하는 것이 핵심이다. 이 전략은 한 공간에서 필요한 품목을 빠르게 확인하고, 한 번에 여러 상품을 구매하도록 유도한다.

최근 리테일 현장에서는 상품의 기능만 보여주는 진열보다 사용 방법과 상황을 함께 제안하는 진열 방식이 주목받고 있다. 고객에게 '발견의 재미'와 '사용을 상상하는 즐거움'을 동시에 제공하기 때문이다. 예를 들어, 식재료를 진열할 때 "이렇게 요리해보세요"라는 레시피와 함께 관련 상품을 전개하면 소비자는 상품을 떠올리는 것뿐 아니라 사용 장면까지 연상하며 구매로 이어질 수 있다. 이 전략은 리테일 외에도 서점처럼 콘텐츠 중심의 공간에서도 활용된다. 예를 들어, 다이

요리 도서와 레시피 소스 연관 배치

요리 도서와 조리도구 배치

칸야마 츠타야TSUTAYA BOOKS에서는 요리책과 함께 책에 나오는 식재료나 조리도구를 함께 구성하여 '읽는 경험'과 '사는 경험'을 자연스럽게 연결하고 있다.

이러한 방식은 고객에게 새로운 발견이자, 매장에는 구매로 이어지는 흐름을 만들어낸다. 고객은 더 이상 제품 하나만이 아니라 제품이 제안하는 라이프스타일 전체를 함께 경험하고 싶어 한다. 그래서 지금 시대의 진열은 '조합을 제안하는 방식'으로 나아가야 한다.

색다른 진열 패턴으로 주력 상품을 강조하기

매장에서 뜻밖에 독창적인 제안과 경험을 제안하면 고객은 평소와 다른 방식의 진열에 새로움과 주목성을 만들 수 있다. 예를 들어, 도쿄 슈퍼마켓에서 경험한 레토르트 식품*을 책처럼 세워 진열하면 마치 요리책을 고르듯 자연스럽게 상품을 탐색하게 되고 시선도 오래 머물게 했다. 여기에 '오늘 저녁은 커리 요리'처럼 콘셉트를 제안하고 관련 상품(즉석밥, 음료 등)을 함께 구성했다면 더 효과적이었을 텐데, 그런 점이 다소 아쉬웠다.

※ **레토르트 식품**
플라스틱 필름·금속박 등 성형한 용기에 제조·가공·조리한 식품 혹은 밀봉하여 가열 살균·멸균한 식품이다.

도쿄 시부야 마크시티 슈퍼마켓

이와 같은 감각적인 진열 방식 외에도 고객의 시선을 끌고 상품의 특징을 효과적으로 전달하기 위해 다양한 진열 전략이 활용된다. 반복 진열, 비교 진열, 섬 진열 등은 실제 매장에서 많이 사용되는 기본 기법으로 전략적 구성만으로도 주력 상품의 매력을 극대화할 수 있다.

특징과 차이를 쉽게, 비교 진열

비교 진열은 여러 상품을 나란히 배치해 고객이 특징과 차이를 쉽게 비교할 수 있도록 도와주는 진열 방식이다. 가격, 기능, 디자인, 사이즈처럼 선택 기준이 분명한 요소들을 직관적으로 보여주는 데 효과적이다. 예를 들어, 같은 카테고리의 상품을 가격대별로 정리하거나, 기능이나 사이즈가 다른 제품을 나란히 배치하면 고객은 자신의 필요와 예산에 맞는 상품을 쉽게 선택할 수 있다. 이러한 비교 진열은 고객이 스스로 선택한 만족감을 높이고 구매 결정을 빠르게 끌어내는 전략이다. 또한, '가성비 추천', '프리미엄 라인'처럼 간단한 문구나 소재·기능 차이를 설명하는 짧은 안내문을 함께 제시하면 고객의 이해도를 높이고 구매를 유도하는 데 더욱 효과적이다.

그림 19. 동일 품목 다른 기능의 비교 진열

편안한 체험을 제공하는 샘플 진열

온라인 쇼핑이 강세를 보이는 시대에도 직접 매장을 찾는 경험은 여전히 중요한 의미를 가진다. 손으로 만지고, 소리를 듣고, 냄새를 맡고, 맛을 보는 과정은 온라인에서는 누릴 수 없는 감각적인 경험이다. 매장에서 고객이 상품을 직접 체험하는 순간 구매로 이어질 확률은 높아진다.

섬유 샘플 진열

박스 상품의 향과 재료 진열로 자연스러운 체험

고객이 상품을 구매하기 전, 직접 경험해보고 싶어 하는 것은 당연한 욕구다. 그렇기에 매장은 고객과 상품이 만나고 교감하는 장소가 되어야 한다. 손으로 만지며 기능을 시험해보고, 향을 맡거나 맛을 보는 과정이 가능해야 하며 상품이 가진 특성이 매장에서 그대로 드러나야 한다. 촉감이 중요한 침구류나 의류는 직접 만져볼 수 있어야 하며 화장품과 생활용품은 질감과 향을 체험할 수 있어야 한다. 식품이라면 맛을 볼 기회가 주어져야 하고, 전자제품이라면 기능을 직접 작동해볼 수 있어야 구매로 이어지기 쉽다.

매장에서 시식 행사가 꾸준히 열리는 이유도 여기에 있다. 신제품이 나올 때마다 고객에게 직접 맛을 보게 함으로써 신뢰를 쌓고 구매를 유도하는 것이다. 브랜드의 힘만으로는 고객을 설득하기 어려운 시대, 사람들은 더 이상 이름값에만 기대지 않는다. 보고, 듣고, 맡고, 맛보고, 시험한 뒤에야 비로소 신뢰가 생긴다.

화장품 역시 마찬가지다. 다양한 샘플 체험 프로그램이 운영되어 소비자는 구매 전 제품을 충분히 사용해볼 수 있다. 앱이나 팝업스토어를 통해 무료 샘플을 신청하거나 매장에서 직접 받아볼 수 있는 기회는 구매 결정에 큰 영향을 미친다. 의료기기처럼 신중한 선택이 필요한 제품일수록 직접 만져보고 확인할 수 있는 체험은 필수적이며 이는 반품률을 낮추는 데도 기여한다.

포장 상품은 정보를 제공하지만 때로는 고객의 기대와 어긋날 수 있다. 특히 제품이 완전히 가려져 있을 경우 오히려 의심을 불러일으킬 수 있다. 따라서 포장과는 별도로 체험용 샘플을 함께 진열해 고객이 직접 경험하고 신뢰를 가질 수 있도록 해야 한다. 이러한 방식은 '견본 진열'이라 불리며 고객이 제품을 느끼고 선택하는 데 도움을 주는 가장 자연스러운 방법이다.

샘플 진열은 이러한 경험을 극대화하는 방법이자 고객의 오감을 자극해 즐거운 쇼핑 경험을 제공하는 유용한 방법이다. 샘플 진열의 효과는 식품류, 생활용품, 가전제품, 완구 등 다양한 카테고리에서 발휘되며 매장에서 제공하는 샘플 하나가 충동 구매를 유도하는 강력한 역할을 하기에 모든 상품에 적용할 수 있는 가장 효과적인 진열 방식이라고 해도 과언이 아니다.

04

분위기와 정보를 전달하는 소도구 활용법

진열은 고객의 시선과 심리를 읽어내고 구매로 이끄는 설계여야 한다. 상품 하나의 위치, POP에 적힌 한 줄의 문구, 가격표의 크기와 배치까지. 모든 요소는 고객의 무의식적인 행동을 유도하는 전략적 장치다. 진열의 출발점은 '어떻게 정리할 것인가'가 아니라 '사람의 시선이 어디에서 멈추는가', '어디서 마음이 반응하는가'를 읽는 데 있다. 고객은 무엇을 보며 멈추고 어떤 순간에 손을 뻗는가. 그 미묘한 흐름을 이해하고 설계할 때 진열은 고객의 움직임과 선택을 끌어내는 장치가 된다. 이 장에서는 상품을 본 고객이 구매 결정을 내릴 때 그 사이에서 작동하는 시각적 전략과 정보 장치들을 구체적으로 다룬다.

소도구 진열로 브랜드의 분위기와 인지도 높이기

진열은 상품의 특성뿐 아니라 매장 구조와 규모를 함께 고려해 설계해야 한다. 놓기, 쌓기, 걸기, 접기 등 다양한 배치 방식에 맞춰 적절한 소도구를 활용하면 상품의 개성이 분명하게 드러난다. 소도구는 상품을 강조하면서도 매장 분위기와 조화를 이루어야 하며 동일한 용도라도 색감, 소재, 마감에 따라 공간의 인상은 크게 달라진다. 특히 테마나 시즌에 맞는 도구로 교체하면 매장의 리듬감과 계절감을 자연스럽게 표현할 수 있다.

소도구를 선택할 때는 다음 세 가지 요소를 함께 고려해야 한다.

- **상품의 특성**: 무게나 부피, 체험 여부에 따라 안정성과 접근성이 확보된 도구가 필요하다.
- **공간 조건**: 매장 동선, 조도, 조명 반사 등을 고려해 크기와 소재를 고려한다.
- **브랜드 톤**: 브랜드가 지향하는 시각 언어에 따라 재질과 형태를 선택하면 일관된 이미지 전달이 가능하다.

진열 소도구는 상품, 공간, 브랜드를 이어주는 핵심 연출 장치다. 특히 크기와 무게는 사용자의 편안함과 작업 효율성에 직접 영향을 미치므로 기능성과 디자인을 모두 만족시키는 선택이 중요하다.

전통시장 수산 코너 스티로폼 박스

청동 그릇을 사용해 고급스럽게 진열한 반찬 코너

원형 집기를 활용한 계단식 레이어 전개, 회전 동선 유도 방식

전통시장에서는 상품 배송에 사용된 박스를 소도구로 활용하는 경우가 많다. 이런 박스를 깨끗이 정리하면 실용적인 진열 도구로 새롭게 사용할 수 있다. 예를 들어, 백화점이나 대형마트처럼 얼음을 담을 전용 집기가 없는 환경에서는 스티로폼 박스를 활용해 바닥에 얼음을 깔고 생선을 신선하게 진열할 수 있다. 또한, 박스 위에 유리를 덮으면 더욱 깔끔하고 정돈된 인상을 줄 수 있다.

채소나 과일 진열에는 사각형 트레이나 둥근 바구니를 활용하는 경우가 많다. 이때 상품이 눌리지 않도록 주의하면서 내부에 더미(소도구)를 활용해 볼륨감을 살리는 것이 효과적이다. 상품을 풍성해 보이게 하면서도 재고를 과도하게 늘리지 않는 균형 잡힌 진열이 중요하다.

이처럼 소도구(보조 진열 용품)를 활용하면 재고량을 늘리지 않으면서도 볼륨감으로 고객의 시선을 끌 수 있어 매우 효과적이다. 또한, 트레이는 작은 상품이나 샘플, 간단한 상품을 한눈에 보기 쉽게 배치하는 데 적합하며 상품을 정리하거나 강조하는 역할도 톡톡히 한다. 소도구 사용은 전체적인 진열 효과를 높이면서 고객에게 더 매력적으로 다가갈 수 있다.

진열 소도구를 활용할 때 다음을 고려해야 한다.

- 고객이 편안하게 상품을 둘러볼 수 있도록 배치한다.
- 상품의 특징을 부각하되 보조 도구가 주인공처럼 보이지 않도록 한다.

- 소도구가 오히려 상품을 가리거나 주의를 흐트러뜨리지 않도록 주의한다.
- 진열이 용이하고 상품 보호에도 도움이 되는 도구를 선택한다.

소도구는 상품을 돋보이게 하고 매장 분위기와 조화를 이루어야 한다. 모던한 집기에는 심플하고 정제된 디자인의 소도구가 어울리며 전통적이거나 따뜻한 분위기에는 목재나 자연 소재를 사용하는 것이 적합하다. 같은 용도의 집기라도 제조업체에 따라 크기와 형태가 다르므로 상품과 매장 이미지에 맞춰 신중하게 선택하는 것이 중요하다. 올바른 소도구 활용은 상품을 더욱 매력적으로 보이게 하여 고객의 관심을 자연스럽게 끌어낼 수 있다.

매장에서 상품 정보를 전달하는 도구들

진열은 상품을 보기 좋게 배치하는 데서 끝나지 않는다. 고객이 상품을 이해하고 구매로 이어지도록 돕기 위해서는 정보 전달 방식 또한 전략적으로 설계되어야 한다. 매장에서 사용하는 정보 전달 도구는 고객의 시선을 끌고, 상품의 가치를 이해시키며 마지막 결정을 유도하는 '진열의 마지막 터치'다. 대표적인 수단으로는 ISP In-Store Promotion, POP Point of Purchase, 가격표가 있으며 각각의 기능과 목적은 분명히 다르다.

ISP는 매장 내에서 이루어지는 판촉 활동 전반을 의미한다. 할인 행사, 체험 공간, 사은품 증정 등 고객의 행동을 유도하고 구매 전환을 이끌기 위한 전략으로 매장의 흐름과 연출 기획과도 밀접하게 연관된다. POP나 가격표가 포함될 수도 있지만 ISP는 '무엇을 어떻게 경험하게 할 것인가'에 대한 상위 개념이다.

POP는 구매 결정 순간에 상품의 가치를 설명하고 시선을 끄는 시각 도구다. '오늘의 특가', '한정 수량' 같은 문구가 담긴 미니 포스터나 스탠드형 안내물은 고객의 심리를 자극해 구매 욕구를 빠르게 일으킨다. 주로 상품 위나 옆에 배치되어 시선 흐름에 자연스럽게 녹아든다.

가격표는 상품 정보와 가격을 명확히 전달하는 기본 도구다. 실용적인 정보 제공 외에도 디자인과 재질, 배치 방식에 따라 브랜드 이미지를 강화할 수 있다. 절제된 서체와 아크릴 재질은 고급스러움을, 손글씨 스타일은 친근한 분위기를 더한다.

이러한 도구들은 기능은 다르지만 결국 하나의 메시지로 고객에게 도달한다. 상품 정보, 브랜드 감도, 구매 타이밍까지 모두 이 도구들을 통해 전달되는 것이다. 진열 전략에서는 이들을 독립적인 역할로 이해하되 하나의 흐름 안에서 유기적으로 설계해야 한다. 상품을 어떻게 보여줄 것인가에서 시작된 진열은 무엇을 어떻게 전달할 것인가로 완성된다.

ISP는 고객을 매장 안으로 끌어들이고 참여를 유도한다. POP는

항목	ISP In-Store Promotion	POP Point of Purchase	가격표
개념	매장 내 모든 판촉 활동	구매 시점에 정보를 전달하는 시각 자료	상품의 가격과 기본 정보 전달
목적과 역할	체험, 혜택, 프로모션을 통해 고객 행동 유도(행동 유도 중심)	정보 전달 + 구매 자극(시각 자극 중심)	정보 제공, 신뢰 형성(정보 안내 중심)
예시 (사진)	각종 행사, 1+1 이벤트, 할인행사, 샘플링	미니 포스터, 스탠드형 안내판	상품 태그, 아크릴 표지, 선반 부착형 가격 안내

상품의 매력을 강조해 시선을 집중시키고, 가격표는 정보의 신뢰를 높여 구매 결정을 뒷받침한다. 이 세 요소가 유기적으로 작용할 때 고객은 상품을 이해하고 구매에 이르게 된다. 이는 진열의 마무리이자 정보를 설득력 있게 전달하는 비주얼 머천다이징 전략의 완성이다.

PART 4

Visual Presentation

하나의 이야기로
매장을 연출하는 법

01

브랜드를 기억하게 하는 공간 연출

대부분의 고객은 뚜렷한 구매 목적을 가지고 매장을 찾지만, 별다른 계획 없이 매장에 들어서는 경우도 적지 않다. 그리고 쇼핑 목적이 있든 없든 시선을 끄는 쇼윈도 앞에서는 누구나 한 번쯤 걸음을 멈추게 된다. 눈길을 사로잡는 쇼윈도는 때때로 예기치 못한 충동구매로 이어지기도 한다. 쇼윈도와 매장 입구 디스플레이는 고객의 시선을 붙잡는 첫 번째 접점이자 매장 안으로의 유입을 이끄는 핵심 요소다. 이때 브랜드가 공간을 통해 고객에게 기대할 수 있는 단 한 가지는 바로 고객의 '발걸음을 멈추게 만드는 것'이다. 매력적인 장면이 그 시작을 이끄는 힘이 되어 고객과 브랜드의 첫 만남을 만들어낸다.

몇 해 전, 런던의 거리를 거닐던 중 컬러풀한 돌체앤가바나의 쇼윈도가 시선을 사로잡았다. 호기심에 이끌려 무심코 문을 열고 들어서니 돌체앤가바나 의류와 리빙 컬렉션 돌체앤가바나 까사 Dolce&Gabbana CASA가 함께 구성된 팝업스토어가 운영 중이었다. 강렬한 색채와 브랜드의 DNA가 담긴 레오파드, 지브라 등의 패턴들이 까사 컬렉션과 어우러져 컬러별, 테마별로 그룹핑되어 있었고 그 임팩트 있는 연출은 자연스럽게 1층에서 2층으로 발걸음을 이끌었다. 다음 일정이 있었음에도 한참을 그 공간에 머물렀다. 비록 즉각적인 구매로 이어지진 않았지만 당시의 경험은 깊은 인상으로 남았다. 그리고 언젠가 기회가 되면 꼭 돌체앤가바나 제품을 구매하고 싶다는 바람도 함께 마음속에 자리 잡게 되었다.

돌체앤가바나 매장에서 오랜 시간 머무를 수 있었던 이유는 입구부터 시선을 사로잡은 강렬한 컬러와 패턴 때문이었다. 분명 자극적인 요소임에도 불구하고 전혀 혼란스럽거나 부담스럽게 느껴지지 않았다. 색상과 패턴, 그리고 아이템들이 테마에 따라 정돈되어 있었고, 각 공간마다 뚜렷한 콘셉트가 느껴졌기 때문이다. 공간을 이동할 때마다 새로운 기대감이 생겼고 다시 마주하는 장면마다 놀라움과 흥미로움이 더해졌다.

런던의 그 매장은 고객이 매장 전체를 자연스럽게 둘러보도록 유도했고 상품의 디테일은 물론 브랜드의 철학과 스토리까지도 공간을

런던 돌체앤가바나 플래그십 스토어

잘 팔리는 매장의 비밀

통해 전달하고 있었다. 직원의 밀착 응대가 없어도 고객 스스로 상품 정보를 파악하고 브랜드의 정체성을 경험할 수 있도록 공간이 대신 말하고 있었던 것이다. 공간마다 배치된 포컬 포인트는 쇼핑 동선을 이끄는 중심축이 되었으며 시각적으로 강한 인상을 남기며 매장의 완성도를 높였다.

비주얼 머천다이징에서 연출은 고객의 시선을 붙잡고 머무르게 하며 지루함 없는 쇼핑 경험을 통해 브랜드를 더욱 선명하게 각인시키는 힘이 있는데, 런던의 돌체앤가바나 매장은 그 모든 요소를 공간 안에 완성도 높게 담아내고 있었다.

고객의 발걸음을 멈추게 하는 포컬 포인트

고객이 매장 입구에서부터 내부 구석구석까지 흥미를 잃지 않고 오랜 시간 머무르게 된다면 상품에 대한 관심이 자연스럽게 높아지고 브랜드에 대한 인식 역시 긍정적으로 자리 잡게 된다. 고객의 체류 시간을 늘리기 위한 비주얼 머천다이징 전략은 고객의 이동 동선과 매장 레이아웃을 바탕으로 정교하게 계획되어야 한다. 고객이 매장을 자연스럽게 이동하며 상품을 둘러보고 몰입한 끝에 구매로 이어지도록 하는 핵심은 강력한 시각적 중심, 즉 포컬 포인트의 설정에 있다.

포컬 포인트는 고객의 시선을 끌고 머무르게 하는 매장의 핵심 지점이다. 브랜드 메시지를 전달하고 동선을 유도하며, 구매 행동을 이끄는 전략적 요소다.

포컬 포인트는 크게 두 가지로 나뉜다.
입구나 쇼윈도처럼 첫 시선을 사로잡는 VP Visual Presentation, 그리고 동선 중간이나 벽면, 집기 상단 등 시선을 이어주는 PP Point of Presentation가 있다. 이 포인트들을 입구에서부터 매장 안쪽까지 단계적으로 연결하면 고객은 자연스럽게 매장 깊숙이 이동하게 되고 체류 시간도 길어진다. 이는 몰입감 있는 쇼핑 경험과 매출 증대에 효과적이다.

- **쇼윈도 디스플레이** Display Window의 주요 목적은 고객의 시선을 끌고, 브랜드 이미지와 시즌 메시지를 효과적으로 전달하는 데 있다. 또한, 브랜드의 캠페인, 슬로건, 협업, 사회적 메시지 등을 전달하는 커뮤니케이션 수단으로도 활용된다. 시즌 테마 연출은 봄·여름·가을·겨울 등 계절별 스토리에 초점을 맞추며, 이벤트 테마는 밸런타인데이, 크리스마스, 명절과 같은 특별한 시즌 이슈를 반영하여 구성한다.

- **매장 입구 스테이지** Front Stage/Entrance Zone의 핵심 역할은 고객의 발걸음을 멈추게 하고 매장 내부로 자연스럽게 이끄는 데 있다.

Focal Point	이미지	내용	목적
쇼윈도 Focal Point Visual Presentation		시즌 테마 연출 이벤트 테마 전개 브랜드 캠페인 노출	고객의 시선을 사로잡고 브랜드 아이덴티티와 시즌 및 메시지 전달
매장 입구 스테이지 Focal Point Visual Presentation		시즌 테마 연출 프로모션 기획 연출 주력상품 집중 전개	고객의 발길을 멈추게 하고 매장 진입을 유도
벽면/집기 상단 Focal Point Point of Presentation		상품을 클로즈업해서 연출	흐름을 멈추고 특정 상품에 시선을 집중시키는 포인트 역할

시즌 상품을 제안할 때는 현재 계절에 어울리는 대표 상품을 활용해 스타일링을 보여주고, 프로모션 상품의 경우 할인이나 증정 등 관련 정보를 명확하게 전달해야 한다. 주력상품(핵심 판매 아이템)은 브랜드가 이번 시즌 집중적으로 알리고자 하는 제품으로 관련 상품과의 연계를 통해 더욱 풍부하게 스타일링해야 한다. **요약하면, 쇼윈도는 외부 커뮤니케이션을 위한 연출, 매장 입구 스테이지는 내부 유입을 유도하는 연출이라는 점을 명확히 이해하고 각각의 역할에 맞춰 전략적으로 구성하고 연출해야 한다.**

- **벽면/집기 상단**Wall Display/Top of Fixture은 쇼윈도나 입구 스테이지에 비해 상대적으로 주목도가 낮을 수 있지만, 매장 내부에서 고객의 시선을 붙잡고 특정 상품에 시선을 집중시키는 강력한 역할을 한다. <mark>특히 벽면 포컬 포인트는 하단 진열 상품을 클로즈업하는 구조를 활용해 카테고리별 상품 구성을 유연하게 보여줄 수 있다. 경우에 따라 하단 상품과 직접적인 연관이 없더라도 시즌 오브제나 비주얼 보드 등을 활용해 독립적인 포컬 포인트를 구성할 수도 있다.</mark> 이때 적절한 조명을 활용하여 고객의 시선을 자연스럽게 유도하고, 비주얼 보드나 연출 소품을 삼각형 구도로 배치하여 집중도를 높이도록 한다. 포컬 포인트를 잘 활용하면 브랜드가 강조하고자 하는 주력 상품이나 시즌 메시지를 효과적으로 전달할 수 있다.

포컬 포인트는 쇼윈도, 입구 스테이지, 벽면처럼 각각의 위치와 역할에 따라 기능과 연출 방식이 달라진다. 중요한 것은 이 세 구역이 단절된 개별 공간이 아니라 고객의 이동 흐름에 따라 유기적으로 연결되어야 한다는 점이다. 고객이 매장에 들어서는 순간부터 머무르며 이동하는 동안 시선의 흐름이 끊기지 않아야 하며 각 포인트에서는 상품과 브랜드 메시지가 명확히 전달되어야 한다. 이를 위해 각 포인트마다 일관된 테마와 콘셉트를 유지하고 매장 전체 분위기와 조화를 이루는 연출이 필요하다.

모던하우스 주 동선 입구 포컬 포인트

벽면 포컬 포인트 사례

브랜드 정체성을 전달하는 시각 연출 기법

공간은 브랜드의 또 다른 목소리다. 브랜드의 정체성은 로고나 제품뿐만 아니라, 매장 안에 배치된 오브제와 질감, 색감, 조명, 디테일 등 공간을 구성하는 모든 요소에 자연스럽게 스며들어 있다.

고객은 매장을 거닐며 공간이 만들어내는 흐름과 리듬, 조명의 색감, 소재의 표정 속에서 브랜드의 방향성을 읽어낸다. 브랜드의 태도와 감성을 시각적으로 풀어내는 작업은 공간 전체의 톤에서 시작되지만, 그 중심에는 브랜드의 콘셉트를 구체화한 디스플레이 전략과 일관된 색채 언어가 있다. 고객은 상품 그 자체보다 상품이 놓인 방식과 주변을 채우는 분위기 속에서 브랜드의 정체성을 더욱 선명하게 체감하게 된다.

이러한 공간 연출에는 '콘셉트 기반 디스플레이'가 있다. 이는 브랜드가 전하고자 하는 메시지를 시각적 장면으로 구현해내는 전략으로 브랜드의 스토리를 공간에 녹여내는 방식이다.

콘셉트 기반 디스플레이:
브랜드의 철학과 이야기를 하나의 장면으로

콘셉트 기반 디스플레이는 브랜드의 철학과 이야기를 하나의 장면처럼 풀어내는 시각적 연출 방식이다. 상품이 어디에서, 누구에 의해,

어떤 라이프스타일 속에서 존재하는지를 공간 전체를 통해 제안하며 메시지를 전달한다. 콘셉트를 바탕으로 연출된 디스플레이는 설명 없이도 브랜드를 느끼게 하는 힘을 가진다. 고객은 그 공간에 머무르는 동안 브랜드가 지닌 감성과 이야기를 자연스럽게 받아들이고 그 안에 담긴 메시지에 공감하게 되는 것이다.

KITH: 감도를 건축한 매장

뉴욕에서 시작된 KITH는 스트리트 감성과 하이엔드 무드를 결합해 패션을 하나의 감각적 장면으로 재해석해 왔다. 특히 KITH TO-KYO(키스 도쿄) 매장은 브랜드 연출과 공간 설계가 얼마나 정교하게 맞물릴 수 있는지를 보여주는 대표 사례다. 매장에 들어서는 순간 아치형 천장을 가득 메운 나이키 에어포스 1의 설치물이 시선을 압도하며 강렬한 첫인상을 남긴다. 이 구조물은 브랜드의 오리지널리티와 컬처를 시각화한 장면이자 브랜드 철학을 공간 전반에 확장하는 장치다. 대리석 텍스처의 바닥은 KITH 특유의 세련된 감각을 드러내고, 진열대와 조명은 공간에 긴장감과 리듬감을 더한다. 오브제의 배치는 절제되어 있으면서도 명확한 의도를 담고 있다. 특히 'KITH TREATS 바'는 패션과 식문화라는 이질적인 두 분야를 결합해 새로운 라이프스타일 경험을 제안한다. 상반된 감각의 조합은 예상치 못한 신선함을 만들어내며 KITH가 추구하는 라이프스타일 방향성을 보여준다.

KITH TOKYO 매장 입구

KITH TREATS 바[14]

출처: KITH TOKYO

브랜드 아이덴티티 디스플레이: 브랜드의 정체성과 이미지를 전달

브랜드를 기억하게 만드는 방법 중 하나는 브랜드의 시그니처 컬러와 메시지를 공간 전반에 일관되게 녹여내는 것이다. 브랜드 컬러는 브랜드가 지닌 정체성과 이미지를 가장 직관적으로 전달하는 시각적 언어이며, 이를 공간과 연출 요소에 전략적으로 적용할 때 브랜드 아이덴티티는 더욱 강화된다.

자크뮈스: 화이트로 구축한 감각의 장면

자크뮈스의 공간 연출은 브랜드 감성을 시각적으로 풀어낸 장면들로 가득하다. 파리 라파예트 백화점에서 선보인 자크뮈스 팝업스토어는 '일상'이라는 테마를 자크뮈스 특유의 상상력으로 유쾌하고 감각적으로 재해석한 공간이었다. 세탁기를 모티브로 한 쇼윈도 속에는 가방들이 세탁물처럼 회전하고 있었고, 그 아래 바구니속엔 가방들이 무심한 듯 놓여 있었다. 또 다른 쇼윈도에서는 빨래줄에 걸린 옷 사이로 연인의 그림자가 비쳐 브랜드 특유의 서정적인 유머를 자아냈다.

이 장면들은 매장 메인 스테이지까지 자연스럽게 연결되었다. 백화점 중앙 스테이지에는 자크뮈스의 시그니처 가방 '밤비노Bambino'를 초대형 구조물로 구현해 브랜드의 상징성을 시각적으로 강조했다.

전체 공간을 아우르는 컬러는 브랜드를 상징하는 화이트였다. 화이트는 자크뮈스에게 여백이자 기준선이다. 불필요한 장식을 덜어내

자크뮈스 팝업스토어

고 구조와 오브제의 매력을 또렷하게 부각시키며 공간 전체를 세련되게 조율하는 역할을 한다. 자크뮈스의 화이트는 차갑지 않다. 자연광이 스며든 듯한 부드러운 질감이 공간에 담백한 무드를 더하고, 전체 공간을 하나의 흐름으로 정리해준다. 덕분에 고객은 시선이 분산되지 않고 자크뮈스가 의도한 동선을 따라가며 공간을 자연스럽게 경험하게 된다.

자크뮈스는 상품을 부각하기보다 브랜드가 지닌 감성과 철학을 공간 안에 조화롭게 풀어냈다. 매장은 하나의 흐름을 가진 장면이 되고 상품은 그 안을 구성하는 일부로 존재한다. 브랜드의 메시지는 공간 곳곳에 스며들어 있으며 고객은 이를 체감하고 몰입하게 된다.

자크뮈스는 비주얼 머천다이징을 통해 유쾌하고 절제된 감성으로 브랜드 철학을 시각화하며 감정과 위트, 직관과 서사를 정교하게 엮어내면서 패션을 넘어 자신만의 시각 언어를 확장해가고 있다.

02
스토리가 담긴 공간은 매력적이다

출퇴근길, 붐비는 지하철이나 버스 안을 보면 많은 사람이 스마트폰 속 콘텐츠에 깊이 몰입해 있는 모습을 쉽게 볼 수 있다. 유튜브, SNS, OTT 플랫폼을 통해 제공되는 영상과 피드는 우리의 일상을 잠시 잊게 해주는 다채로운 이야기와 감정의 흐름으로 가득하다. 우리는 흥미로운 스토리를 따라가며 기대하고, 공감하고, 때로는 위로받는다. 그렇게 스토리는 개인의 일상에 자연스럽게 스며들어 감정을 움직이고 행동을 유도하는 힘을 발휘한다.

감성을 움직이는 스토리텔링 연출 사례

이처럼 이야기에 몰입하고 감정을 이입하는 경험은 디지털 콘텐츠뿐만 아니라 오프라인 공간에서도 유사하게 일어난다. 특히 매장이라는 공간에서의 스토리텔링은 단순한 제품 소개를 넘어 브랜드와 고객이 관계를 맺는 방식으로 작용한다. 제품의 기능이나 서비스의 특징만을 단편적으로 전달하는 방식으로는 고객의 관심을 오래 유지하기 어렵다. 그러나 제품이 어떤 과정으로 디자인되고 만들어졌는지, 브랜드가 어떤 생각과 가치를 담았는지를 이야기 형식으로 풀어낼 때 고객은 감정적인 연결과 공감을 경험하게 된다.

제품의 사양이나 가격만으로는 전달하기 어려운 브랜드의 진심은 스토리라는 형식을 통해 고객에게 전달될 수 있다. 브랜드의 시작과 철학, 그리고 지금 향하고자 하는 방향까지 이야기에 담아낸다면 고객과의 대화는 더욱 진정성 있고 지속적으로 이어질 수 있다.

탬버린즈TAMBURINS: 제품, 공간, 스토리, 감성적 경험의 결합

탬버린즈의 성수 팝업스토어 '하베스트HARVEST'는 가을과 수확이라는 테마를 바탕으로 공간 스토리텔링을 하여 브랜드의 철학과 감성을 오감으로 체험할 수 있도록 했다. 흙냄새가 느껴지는 바닥재, 나무 팔레트 위에 놓인 거대한 농작물 형태의 오브제, 그리고 은은하게 퍼

지는 향기는 브랜드가 전달하고자 하는 '향기의 풍경'을 구현하였다. 브라운, 베이지, 옐로톤의 색채는 수확기의 자연을 연상시킨다. 전체 공간은 하나의 풍경처럼 연출되었으며 탬버린즈는 이 안에 브랜드가 지닌 고유한 미감과 해석을 입혔다.

　고객은 공간에 들어서는 순간, 색을 통해 감정을 느끼고 향으로 기억하며 브랜드가 그려내는 이야기 속으로 자연스럽게 몰입하게 된다. 또한, 이 팝업스토어에서는 예술과의 협업을 통해 스토리텔링을 강화하였다. 비누 조각가 신미경 작가와의 협업으로 열린 '하베스트 퍼퓸 비누 전시'에서는 농작물의 형상을 본뜬 퍼퓸 비누를 중심으로 향기를 매개로 한 브랜드의 이야기를 공간 속에 풀어냈다. 탬버린즈 성수 팝업스토어는 신제품 출시, 공간 스토리텔링, 감성적 브랜드 경험이 유

탬버린즈 하베스트HARVEST 팝업스토어[15]

15 출처: Tamburins

기적으로 결합된 완성도 높은 스토리텔링 사례였다.

　스토리에 공감한 고객은 구매를 결정할 때 브랜드가 지닌 이야기와 철학, 감성적 가치를 먼저 떠올리는 경우가 많다. 감동적이거나 매력적인 스토리를 전하는 브랜드는 고객에게 더 깊은 관계를 맺고 싶은 대상으로 자연스럽게 인식된다. 물론 모든 소비자가 동일한 반응을 보이는 것은 아니지만, 진정성 있는 스토리를 일관되게 전달하는 브랜드는 점차 자신만의 팬층을 형성하고 '브랜드 팬덤'이라는 강력한 커뮤니티를 만들어가게 된다.

파리 르 봉 마르셰 백화점 Le Bon Marché Department Store:
공간과 체험 중심의 감정 플랫폼

　파리의 르 봉 마르셰 백화점은 여러 차례 방문했음에도 매번 새로운 감동을 전해주는 공간이다. 예술과 감성이 살아있는 도시답게 매장 전체에는 파리지앵 특유의 세련된 정서가 은은하게 배어 있다. 특히, 미디어아트 전시와 팝업스토어 구성은 매번 색다른 시도를 통해 방문자의 기대를 뛰어넘는다. 과감한 컬러 사용, 예술적 오브제의 배치, 아티스트와의 협업을 통해 매장은 하나의 전시 공간처럼 연출되며 깊은 인상을 남긴다. 무엇보다 각 연출 요소에 담긴 파리 특유의 감성과 예술적 분위기는 이 공간을 쇼핑을 넘어선 문화적 체험의 장으로 기억하게 만든다.

이러한 감각적인 구성은 팝업스토어와 시즌 연출에서도 분명하게 드러난다. 르 봉 마르셰의 비주얼 머천다이징은 브랜드의 정체성과 기획력이 정교하게 어우러져 완성된다. 브랜드와 디자이너, 그리고 이들과 조화를 이루는 테마를 중심으로 고객에게 새로운 라이프스타일과 트렌드를 제안한다. 정교하게 큐레이션된 공간 연출은 방문자에게 익숙하지 않은 경험을 제공하며 브랜드에 대한 감정적 유대를 자연스럽게 형성하도록 이끈다.

2025년 르 봉 마르셰에서 열린 팝업스토어는 유쾌하고 따뜻한 정서를 공간에 담아낸 체험형 전시였다. '강아지처럼 너를 사랑해'를 주제로 고객은 반려견과 함께 공간을 거닐며 강아지의 시선으로 설계된 장면들을 체험했다. 초대형 뼈다귀 조형물, 위트 있는 문구, 감각적인 포토 존은 고객의 참여를 유도했으며, 컬러와 조명이 어우러진 공간은 하나의 몰입형 장면처럼 완성되었다.

특히 르 봉 마르셰의 상징인 교차형 에스컬레이터는 뼈 모양 구조물로 변신했으며, 창가에는 380여 개의 강아지 조각상이 설치되어 지나가는 사람들의 얼굴에 미소를 남겼다. 약 200여 개 브랜드가 참여해 반려견과 반려인을 위한 다양한 아이템을 제안했으며 제품과 공간, 감정이 유기적으로 연결되는 체험형 구조를 완성했다. 이 전시는 공감과 체험을 중심으로 한 '감정의 플랫폼'이 되어 고객이 SNS에 자발적으로 공유하고 싶은 장소가 되었다. 브랜드 메시지는 이러한 자발적 참여를

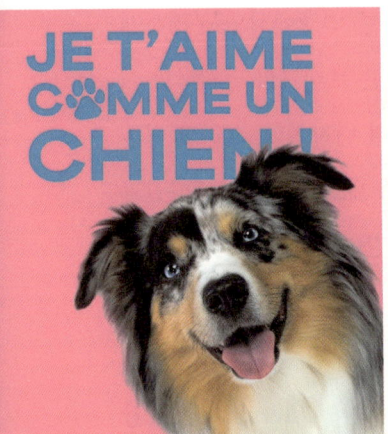

파리 르 봉 마르셰 백화점 팝업스토어[16]

16 출처: e Bon Marché Department Store

잘 팔리는 매장의 비밀

통해 자연스럽게 확산되며 고객과 깊은 정서적 연결을 만들어냈다.

이벤트 테마, 시즌을 반영한 공간 연출

브랜드의 스토리텔링은 팝업스토어에서만 작동하는 것이 아니다. 제품을 통해 이야기를 전하고 고객에게 특별한 경험을 제공하는 일은 기본 매장에서도 지속되어야 하며, 나아가 공간 전체로 확장될 필요가 있다.

특히 시즌별 테마와 이벤트는 브랜드가 이야기를 이어가는 데 있어 중요한 연출 수단이 된다. 시즌 테마 연출은 단발성 이벤트로 끝나기보다는 연간계획에 따라 체계적으로 운영될 때 더 큰 효과를 발휘한다. 이를 통해 브랜드 콘셉트는 일관성을 유지하고, 고객은 계절마다 새롭게 변화하는 매장 경험을 누리게 된다.

시즌별 테마를 사전에 기획하고 연출과 마케팅 활동을 긴밀하게 연계할 경우 매장 내 연출은 물론, SNS 콘텐츠, 이벤트, 프로모션과도 통합적인 시너지를 낼 수 있다. 특히 프로모션과의 협업을 통해 스토리텔링이 담긴 연출을 구체화하고 고객 경험 중심의 전략을 수립하면 연출기획의 완성도는 한층 더 높아진다.

이처럼 연간계획을 수립하는 가장 중요한 이유는 고객이 매 시즌 새로운 매력을 발견하고 변화에 대한 기대감을 가지며 매장을 다시 찾도록 만드는 데 있다. 잘 짜인 연간 연출 계획은 쇼윈도에서부터 매장 전반에 이르기까지 일관된 메시지를 전달하며 고객의 관심을 끌고 브랜드에 대한 몰입도를 높이는 데 효과적이다. 그 대표적인 예가 바로 매년 연말을 앞두고 펼쳐지는 크리스마스 시즌 연출이다.

인증샷 명소: '더현대서울, 신세계백화점'

매년 11월이 되면 백화점들은 거대한 전시 공간으로 변신하며 크리스마스 시즌의 시작을 알린다. 크리스마스 연출은 고객들에게 잊지 못할 감동을 선사하며 해마다 가장 큰 기대를 모으는 대표적인 연말 이벤트로 자리 잡았다. 대부분의 백화점은 이를 위해 1년 전부터 기획을 시작하고 철저한 준비 과정을 거친다. 나 역시 백화점 디스플레이어로 근무하던 시절에 크리스마스 시즌을 막 오픈하면서 동시에 다음 해 크리스마스를 위한 기획과 리서치를 시작했던 기억이 있다.

백화점들은 크리스마스 시즌 연출에 예술적 오브제를 활용한 디스플레이와 내부 연출을 긴밀히 연결해 공간 전체를 하나의 작품처럼 완성하고 있다. 또한, 유명 아티스트와의 협업을 통해 시즌 한정 패키지를 선보이거나, 자체 제작한 크리스마스 에디션 PB 상품을 출시해 축제 분위기를 더욱 고조시킨다. 여기에 고객이 직접 참여할 수 있는 체험형 공간을 마련해 몰입도를 높이고 고객과의 정서적 연결을 한층 강화하고 있다.

현대백화점의 2024년 크리스마스 테마는 '움직이는 대극장LE GRAND THEATRE'였다. 유럽 동화 속 서커스 마을을 구현한 테마에서는 주인공인 해리가 최고의 쇼를 펼치는 움직이는 대극장을 찾기 위해 열기구에 몸을 싣고 하늘 높이 모험을 떠나는 이야기를 담아냈다. 이를 위해 더현대서울 5층 사운즈 포레스트에는 높이 7m, 너비 5m 정도의 열기구 모형 에어벌룬 6개가 떠올랐고, 다채로운 색상의 대형 서커스 텐트와 어우러져 환상적인 풍경을 연출했다. 이 공간은 주중 약 6,000여 명, 주말에는 1만 명이 넘는 방문객을 끌어모으며, 쇼핑을 넘어 고객이 머물고 즐길 수 있는 대표 크리스마스 '인증샷 명소'로 거듭났다.

한편, 신세계백화점 본점 외벽에 펼쳐지는 대형 미디어 파사드도 크리스마스 시즌을 대표하는 '도심 속 겨울 명소'로 자리 잡았다. 웅장한 규모와 화려한 비주얼로 연출된 미디어 파사드는 지나가는 사람들의 발길을 붙잡았고, 미디어 파사드의 순간순간을 담기 위해 줄을 서는 진풍경이 펼쳐지기도 했다. 지난해 연말, 신세계 스퀘어에는 국내외 방문객 약 100만 명이 몰렸고, 고객의 체류 시간 또한 50% 이상 증가했다. 이러한 현상은 크리스마스 장식이 단순한 시즌 연출을 넘어 고객의 체류를 유도하고, SNS를 통한 자발적 콘텐츠 확산까지 끌어내는 강력한 마케팅 자산으로 기능하고 있음을 보여준다.

더현대서울 크리스마스[17]   신세계백화점 크리스마스를 촬영하기 위한 인파[18]

스토리를 전달하는 테마나 시즌 연출은 백화점이나 대형 브랜드만의 전략으로 국한되지 않는다. 오히려 소형 매장일수록 더 정교하게 접근할 필요가 있다. 브랜드의 정체성을 명확히 전달하고, 고객과의 관계를 지속시키기 위해서는 매장 규모와 상관없이 스토리를 일관되게 전개하는 전략이 요구된다. 스토리를 구성하는 방식은 다양하지만, 실무적으로는 다음 네 가지 접근이 특히 효과적이다.

17   출처: Hyundai Department
18   출처: Shinsegae Department

- **상품 스토리**: 신상품이나 시즌 상품, 주력 상품 중심으로 콘셉트와 이야기를 풀어내 고객의 관심을 유도하는 방식이다. 상품의 기능이나 디자인뿐 아니라 제작 배경이나 브랜드가 담고자 하는 메시지를 함께 전달하도록 한다.
- **가격 스토리**: 타 매장과의 비교 우위가 분명한 가격대를 제시함으로써 '지금 이곳에서 구매해야 할 이유'를 제시하는 전략이다. 이 경우 가격 정보를 눈에 잘 띄게 고지하고, 포스터나 POP 등 시각 매체를 적극 활용하는 것이 중요하다.
- **브랜드 스토리**: 브랜드만의 고유한 아이템이나 PB(자체 브랜드), SB(전략 브랜드)를 중심으로 브랜드가 지닌 가치와 차별성을 전달하는 방식이다.
- **컬러 스토리**: 계절별 트렌드 컬러를 반영해 매장 분위기를 연출하고, 시각적 통일감을 통해 브랜드의 인상을 강화하는 방법이다. 한 가지 색으로 공간에 일관성을 부여하면 고객의 감각에 직접적으로 호소하면서도 매장 전체의 집중도를 높일 수 있다.

이러한 스토리 전개는 매장의 규모와 상관없이 매장 전반에 흐름과 맥락을 만들어주며 고객이 상품과 매장에 자연스럽게 몰입하도록 이끄는 역할을 한다.

03
감각으로 기억되는 매장 만들기

온라인 구매가 일상화된 요즘, 오프라인 공간은 브랜드를 직접 경험하고 감각적으로 체험하는 장소로 변화하고 있다. 이제 소비자에게는 '무엇을 샀는가'보다 '어떤 경험을 했는가'가 더 중요한 기준이 되고 있으며, 쇼핑 자체를 하나의 특별한 경험으로 인식하려는 경향도 뚜렷해지고 있다. 특히 향기, 질감, 무게감, 착용감처럼 온라인으로는 체험하기 어려운 요소를 가진 상품일수록 오프라인 공간에서의 경험은 더 강한 인상을 남긴다. 여기에 브랜드가 지향하는 분위기나 라이프스타일을 매장 안에서 직접 느낄수 있도록 연출한다면 고객에게 한층 더 차별화된 가치를 전달할 수 있다.

공간을 기억하게 하는 오감 연출

최근 소비자들은 상품을 선택할 때 제품의 특성이나 기능보다 자신의 주관적 효용을 기준으로 상품을 선택하는 경향이 높아지고 있다. 매장의 입장에서는 가격이 저렴하다, 기능이 편리하다, 디자인이 우수하다 등의 다양한 합리적인 소구 포인트를 먼저 강조하고 싶을 수 있다. 하지만 아무리 뛰어난 제품이라도 자신의 취향이나 감성과 맞지 않으면 구매로 이어지지 않으며, 브랜드 공간이 자신의 스타일이나 정서와 어긋날 경우 아예 방문조차 꺼리는 경우도 많다. 이처럼 소비 트렌드가 변화함에 따라 고객이 브랜드를 몸과 마음으로 체험할 수 있도록 오감을 만족시키는 감각 중심의 경험 설계가 점점 더 중요해지고 있다.

고객의 감각을 자극하는 연출은 브랜드의 공간 설계에서 중요한 전략으로 자리 잡고 있다. 이러한 흐름을 잘 보여준 사례가 런던 해롯Harrods 백화점의 와인 매장이다. 이곳은 오감의 흐름을 따라 브랜드의 세계를 경험할 수 있도록 설계된 몰입형 공간이다. 와인을 고른다는 행위가 정보만을 비교하여 선택하는 것이 아니라 향과 온도, 빛과 소리, 그리고 개인의 취향과 기억에 따라 이루어지는 감성적 선택이라는 철학을 공간 전반에 담아냈다.

매장 중앙에 위치한 '아로마 테이블'은 이러한 공간의 콘셉트를 감각적으로 구현한 오브제다. 유리 돔 안에는 꽃, 원두, 나무껍질, 향신료

런던 해롯백화점 와인 매장 아로마 테이블

아로마를 통해 고객이 직접 와인의 향을 체험

런던 해롯백화점 와인 매장 오디오콘솔

잘 팔리는 매장의 비밀

등 다양한 재료가 담겨 있으며 각각의 와인이 지닌 향을 시각과 후각을 통해 인지할 수 있도록 연출되었다. 방문객은 돔에 연결된 구리 관을 통해 직접 향을 맡아보며 와인을 구성하는 다양한 아로마 노트를 경험하게 된다. 이러한 감각적 경험은 와인에 대한 이해를 넓히는 동시에 쇼핑 자체를 보다 생생하고 몰입감 있는 순간으로 확장한다.

매장을 걷다 보면 또 다른 감각을 자극하는 오브제가 시선을 사로잡는다. 바로 펜폴즈Penfolds의 레코드 플레이어 콘솔이다. 오크 목재로 제작된 이 오브제는 턴테이블, 고급 스피커, 와인 도구, 와인병 등을 하나의 캐비닛 안에 담아낸 작품으로 브랜드 스토리텔링을 집약적으로 표현한다. 펜폴즈가 대표 와인 '그랜지Grange'의 70주년을 기념해 선보인 이 콘솔은 와인과 음악을 예술적으로 결합해 청각, 촉각, 시각을 동시에 자극한다. 아날로그 음향과 미드센추리 디자인을 통해 브랜드의 깊이와 감성을 고스란히 공간 안에 녹여냈다.

해롯의 와인 공간은 오브제를 통해 브랜드의 세계를 감각적으로 풀어내며 소비자에게 '기억에 남는 연출과 체험'을 선사한다. 향을 맡고, 소리를 듣고, 손으로 만지며 브랜드의 이야기를 온몸으로 느끼는 순간순간은 비주얼 머천다이징을 하나의 감각적 내러티브로 확장하는 힘이 된다. 이처럼 고객의 감각을 일깨우고 기억에 남는 경험으로 이어지게 하는 연출 방식은 고객이 공간 안에서 능동적으로 참여할 수 있을 때 더욱 깊은 울림을 만들어낸다.

오감으로 브랜드를 느끼게 하다

보는 순간 머무르게 하다: 시각

　　오감 중 시각은 가장 빠르게 반응하는 감각으로 고객이 매장을 인지하고 기억하게 되는 첫 순간 역시 시각적 자극에 의해 결정된다고 해도 과언이 아니다. 외부 쇼윈도는 컬러풀한 오브제, 트렌디한 상품, 시즌 테마 등을 활용해 거리의 시선을 사로잡고 매장 안으로 들어서기 전부터 호기심과 기대감을 불러일으킨다. 매장 안으로 들어서면 조명과 명암 대비를 통해 분위기를 전달하고, 상품 진열 구조는 리드미컬하게 설계되어 고객이 매장의 흐름을 따라 자연스럽게 이동하도록 유도한다. 이때 컬러, 조명, 디스플레이는 개별 요소가 아닌 하나의 장면처럼 조화를 이루며 브랜드의 감성을 시각적으로 표현해낸다. 이러한 시각적 설계는 상품과 공간, 그리고 브랜드 사이에 감각적 교감을 만들어내는 매개체가 된다.

공간에 음악을 입히다: 청각

　　사운드는 제품보다 먼저 공간의 분위기를 전달한다. 물놀이용품 매장에서는 파도 소리나 경쾌한 음악이 여름의 활기를 전하고, 식품매장에서는 배경 음악보다 '세일 상품 안내'나 '이벤트 방송' 같은 매장

멘트가 구매 욕구를 자극한다. 의류매장에서는 브랜드의 성격에 맞춰 팝, 재즈, 인디 등 다양한 장르의 음악이 분위기를 완성하고, 서점에서는 잔잔한 피아노나 클래식 선율이 독서에 집중할 수 있는 환경을 조성한다.

스타벅스를 찾는 많은 사람에게 커피만큼 중요한 건 공간에서 느껴지는 분위기다. 시간대에 따라 조절된 음악과 공간에 깔리는 사운드는 고객의 감정에 조용히 스며들며 브랜드를 감성적으로 기억하게 만든다. 매장에 흐르는 소리는 고객과 브랜드 사이의 거리를 좁혀주는 보이지 않는 연결 고리가 된다.

향으로 감정을 이끌다: 후각

공간에 퍼지는 향기는 분위기를 완성하고, 고객의 감정에 깊이 스며드는 요소다. 후각은 오감 중에서도 기억과 감정을 가장 강하게 자극하는 감각으로 매장에 은은하게 퍼진 향은 브랜드를 무의식적으로 각인시킨다. 특히 일정한 향을 지속적으로 유지하면 고객은 특정 향을 맡는 순간 브랜드를 떠올리게 된다.

식당이나 베이커리처럼 향이 익숙한 공간과 달리 의류매장이나 영화관처럼 예상하지 못한 곳에서 마주하는 향은 감정에 더 깊은 인상을 남긴다. 긍정적인 인상을 남긴 향은 제품화하여 브랜드 경험을 확장하는 데도 활용될 수 있다.

손끝에 감각을 전하다: 촉각

질감이 살아있는 오브제와 직접 만져 볼 수 있는 디스플레이는 고객의 참여를 이끈다. 아이에게 촉각이 세상을 인식하는 첫 번째 감각이라면 성인에게 촉각은 제품과의 신뢰를 쌓는 출발점이 된다. 침구의 부드러움, 로션의 빠른 흡수력, 가죽 가방의 표면 질감과 밀도감, 컵을 들었을 때 느껴지는 적당한 무게감처럼 손끝에서 전해지는 감각은 말이나 설명보다 더 강한 설득력을 가진다. 제품을 직접 만지고 느끼는 경험은 고객이 품질과 사용감을 스스로 확인하도록 돕고 브랜드에 대한 긍정적인 인상을 형성한다. 그리고 이러한 촉각의 경험은 구매 결정에 있어 강력한 감각적 근거로 작용한다.

맛으로 기억을 새기다: 미각

한 모금, 한입의 경험은 브랜드를 가장 직관적으로 느끼게 하는 감각적 터치다. 미각은 아주 짧은 순간에도 깊은 인상을 남기며 그 기억은 오랫동안 마음에 머문다. 매장에서 고객이 음료나 음식을 맛보는 순간, 재료의 진정성이나 조합의 섬세함을 통해 브랜드가 지향하는 가치가 전해진다. 오감을 통해 전달되는 감각 중에서도 미각은 가장 본능적이고 개인적인 영역이다. 때로는 화려한 포장이나 설명보다 한 번의 맛 경험이 더 강력하게 브랜드를 각인시킨다. 그리고 그렇게 스친

'맛의 기억'은 일상의 어느 순간 브랜드를 다시 떠올리게 만드는 특별한 연결고리가 된다.

고객이 오래도록 기억하는 것은 하나의 제품이 아니라, 그 공간에서 느낀 분위기와 감정이다. 감각을 깨우는 공간은 브랜드를 경험하는 장소가 되고, 그 경험이 마음에 남을 때 고객은 다시 그곳을 찾고 싶어진다. 이렇게 쌓여가는 감정의 기억은 브랜드와 고객 사이에 깊은 유대감을 형성한다.

04

고객을 유혹하는 공간 연출 기법

한 번쯤 이런 경험이 있을 것이다. 그저 가볍게 둘러볼 생각으로 들어간 매장에서 어느새 계산대 앞에 서 있는 자신을 발견했던 순간 말이다. 그러한 경험 뒤에는 비주얼 머천다이징의 정교한 설계가 작용했을 가능성이 크다. 비주얼 머천다이징은 고객이 매장에 들어서는 순간부터 매장을 나서는 순간까지 모든 동선을 계획적으로 설계해 브랜드의 분위기와 이야기를 전달하고 궁극적으로 구매 행동까지 끌어내는 전략적 기획이다.

핵심 제품을 돋보이게 하는 셀링 포인트Selling Point

매장 환경이 아무리 세련되고 상품 구성이 잘 갖추어져 있어도 고객이 원하는 상품을 쉽게 찾지 못하거나 망설이다가 돌아선다면 '셀링 포인트' 전략을 점검해볼 필요가 있다.

셀링 포인트는 수많은 상품 사이에서 고객의 시선을 집중시키고, 브랜드가 제안하는 주력 상품을 전략적으로 부각시키는 연출 방식이다. 특히 선택 기준이 복잡한 상품일수록 셀링 포인트의 역할은 더욱 중요해진다.

소품, 조명, 컬러를 조화롭게 활용해 감각적인 분위기를 더하고, 상품 설명서나 이미지 보드를 함께 구성하면 이해도를 높이는 데 효과적이다. 공간이 제한적일 경우에는 POP 대신 대표 상품을 클로즈업해 배치하는 방법도 고려해볼 수 있다. 고객의 시선을 머무르게 하고 상품 정보를 직관적으로 전달하여 구매 결정을 유도하는 연출이야말로 셀링 포인트의 핵심이다.

다음 사진을 보면 셀링 포인트의 핵심 전개 방식을 확인할 수 있다.

롯데마트는 주력 상품인 한우 '마블나인'을 강조하기 위해 상단에 브랜드 문구를 배치하고, 하단에는 실제 상품과 정보 패널을 구성했다. 시선을 위에서 아래로 흐르게 하여 상품에 집중할 수 있도록 설계해 가시성과 선택의 편의성을 동시에 높였다.

롯데마트 셀링 포인트

도쿄 이온 델리 코너

런던 해롯백화점 축산 셀링 포인트

잘 팔리는 매장의 비밀

런던 해롯백화점의 축산 코너는 프리미엄 고기를 중심으로 조형적 진열과 컬러 대비를 활용해 시선을 끌어당긴다. 상품을 예술 작품처럼 연출하고 트레이를 이용해 시각적 리듬을 더했으며, 레몬과 허브 같은 신선 식재료를 함께 배치해 맛과 향을 직관적으로 연상시키는 효과를 강화했다.

도쿄 이온의 델리 코너는 도시락을 균일하게 배열하고 상단 POP 와 상품을 정확히 매치해 원거리에서도 인지 가능한 셀링 포인트를 구현했다. 명확한 안내로 상품을 찾는 시간을 줄이고 빠른 구매를 유도하는 전략적 구성이 돋보인다.

시선을 유도하여 상품을 주목하게 한다

높이 차이를 활용해 시선을 끈다

사람은 평평한 구조보다 입체적인 구도에 더 끌리기 마련이다. 상품의 높낮이가 조화를 이루면 공간에 리듬감과 안정감이 더해지고 시선이 머무는 중심이 형성된다. 고층 빌딩들이 불규칙한 높낮이로 늘어서 있을 때 도시가 역동적으로 보이는 것처럼 매장에서도 상품을 다양한 높이로 배치하면 시선을 끌어당기는 힘이 커진다. 이때 고객의 시선은 수평뿐 아니라 수직 방향으로도 움직이며 연출된 다양한 상품에

높이 차이를 활용한 연출

잘 팔리는 매장의 비밀

머무르게 된다. 이는 상품에 대한 관심을 높이고 주목 시간을 늘려준다. 특히 마네킹을 연출할 때 트레이 박스나 데코 박스를 활용해 높낮이를 조정하면 공간에 리듬이 생기고 집중도 역시 한층 향상된다.

컬러로 고객을 멈추게 한다

컬러는 감정과 행동을 움직이는 강력한 시각적 장치다. 쇼윈도는 브랜드가 전하고 싶은 이미지를 극대화하는 공간이며, 이 구간에서 연출물과 조화를 이루는 색채는 고객의 발걸음을 멈추게 하고 시선을 매장 안으로 이끈다. 브랜드 고유의 색감을 살린 포컬 포인트는 고객의 관심을 모으고 흥미를 자극한다. 강한 컬러는 고객의 시선을 빠르게 끌어당기고 특정 지점에 주목하게 만든다. 특히 하나의 색을 중심으로 공간을 구성하면 시선이 분산되지 않아 집중도가 높아지고 브랜드의 메시지 또한 보다 명확하고 일관되게 전달된다.

반면 색이 분산되면 시선도 흩어진다. 강조하고 싶은 존에는 강한 색을 집중 배치하고 주변은 톤을 눌러 시각적 밀도를 조정하는 방식이 효과적이다. 상품, 진열 집기, 안내 보드에 적용되는 컬러는 서로 조화를 이루어야 하며, 정보 전달 요소 역시 공간의 흐름을 끊지 않도록 세심하게 조율해야 한다. 이러한 균형을 통해 고객의 흥미와 관심을 끊김 없이 이어갈 수 있다.

한 가지 컬러로 집중도를 높인 매장[19]

시선을 움직이게 하는 요소를 활용한다

작은 움직임은 예상보다 강한 주목을 끌어낸다. 예를 들어, 매장 입구 근처에서 손을 흔드는 고양이 인형처럼 반복적이고 리듬 있는 동작

19   출처: www.debenhams.com

은 무심코 지나던 사람의 시선을 붙잡는다. 정적인 공간 속에서 움직이는 대상은 특별한 존재감을 지니며 자연스럽게 시각적 중심이 된다. 상품 연출에도 이러한 움직임을 효과적으로 응용할 수 있다. 스카프나 드레스처럼 가볍고 부드러운 소재의 제품을 바람과 함께 연출하면 공간에 리듬이 생긴다. 미묘한 떨림이나 회전은 특별한 장치 없이도 공간에 생동감을 더해주고 고객이 무심코 지나칠 수 있었던 구역에도 자연스럽게 관심을 끌어낸다. 정지된 대상보다 움직이는 요소가 더 오래 기억에 남는 이유가 여기에 있다.

시선을 머무르게 한다: 그래픽, 디지털 사이니지, 미디어 아트

매장 안에서는 그래픽 보드와 디지털 사이니지, 미디어 아트가 시선을 붙잡는 또 다른 레이어로 작용한다. 신상품 소개, 프로모션, 브랜드 캠페인 같은 콘텐츠를 공간 흐름에 맞춰 배치하면 고객은 자연스럽게 동선을 따라 매장을 탐색하게 된다. 변화하는 정보를 유연하게 반영하는 이 매체들은 공간에 생동감을 불어넣는다.

그래픽과 디지털 사이니지는 정보 전달 도구로 사용되지만 하나의 장면을 구성하는 시각적 장치로도 활용된다. 쇼윈도에서는 화려한 이미지와 영상으로 호기심을 끌고, 매장 내부에서는 오브제처럼 연출되어 브랜드 스토리를 입체적으로 전달한다. 디지털 사이니지에 고객 리

도쿄 이세탄 백화점 쇼윈도
벽면에 눈 내리는 미디어 아트 연출과 그래픽 요소로 전개

도쿄 이세탄 백화점 매장 입구
쇼윈도 연출과 일관된 매장 입구 그래픽 오브제 연출

뷰나 SNS 콘텐츠를 결합하면 매장은 일방적 메시지 전달을 넘어 고객이 능동적으로 참여하는 소통의 장으로 확장된다.

상품의 조화로운 배치를 위한 기본 구성

공간에 이야기를 담아내는 연출은 감각만으로 완성되지 않는다. 형태와 구조 안에 질서를 만들고 그 흐름 속에서 상품이 조화롭게 어우러지도록 배치해야 한다. 효과적인 연출은 고객의 시선을 머물게 하고 공간에 리듬과 긴장감을 만들어낸다. 이 모든 출발점은 기본 구성을 정확히 이해하는 데서 시작된다.

삼각 구성: 명확한 구성과 균형감

삼각 구성은 상품 디스플레이에서 가장 기본적이면서도 안정적인 연출 기법이다. 구성이 명확하고 균형감이 뛰어나 시선을 자연스럽게 끌어들이며 시각적으로도 편안함을 전달한다. 특히 사선이 만들어내는 방향성은 시선을 위에서 아래로 또는 중심에서 바깥쪽으로 자연스럽게 유도한다. 이 구성은 원리가 단순하고 조형적 완성도가 높아 연출 경험이 많지 않은 매장 직원도 쉽게 적용할 수 있다는 장점이 있다.

삼각 구성은 쇼윈도, 입구 스테이지, 벽면 상단, 테이블 디스플레이

삼각 구성과 반복 구성이 동시에 적용된 연출 사례로 시선을 집중시키고 리듬감 강조

등 다양한 공간에 적용할 수 있으며, 연관 상품을 함께 연출하면 하나의 스타일링 제안으로 확장할 수 있다. 상품만으로도 삼각 구성이 가능하지만 사이즈별 박스를 활용하여 높낮이를 주거나 연출 소도구를 함께 사용하면 디스플레이의 완성도와 공간 활용도 모두 향상된다. 특히 삼각형 구성을 반복적으로 연출하면 대형 스테이지나 쇼윈도처럼 규모가 큰 공간에서도 안정적이면서도 리듬감 있는 연출이 가능하다. 삼각 구성은 시선의 흐름과 공간의 균형을 함께 고려할 수 있는 구성으로 전개 범위가 넓고 실용적인 장점이 있다.

반복 구성: 통일감으로 몰입감 유도

반복 구성은 동일한 디자인의 상품이나 요소를 일정한 간격과 규칙에 따라 배열해 매장 전체에 리듬과 통일감을 부여하는 연출 기법이다. 시각적인 질서를 형성함으로써 공간은 정돈된 인상을 주며 전체적인 완성도 역시 높아진다.

특히 동일한 컬러나 패턴이 반복될 경우 컬렉션의 방향성과 스타일이 명확히 전달되며 고객의 시선을 끌어들이는 데 유리하다. 이 기법은 특정 아이템의 존재감을 강조하거나 컬러별 상품을 전개할 때 그 효과가 더욱 도드라진다. 동일 제품을 반복적으로 배치하면 고객은 이를 자연스럽게 주력 상품으로 인식하게 되고, 컬러를 기준으로 구성할 경우 제품 간의 비교와 선택이 용이해지고 구매로 이어지는 흐름도 자연스러워진다. 이러한 반복 구성은 단조로운 공간에 시각적인 밀도와 리듬을 더해주기 때문에 매장의 분위기를 더욱 풍성하게 만들고 고객의 몰입도를 끌어올리는 역할을 한다.

반복 구성은 매장 전반에 폭넓게 활용할 수 있지만 특히 벽면 상단 연출에서 효과가 두드러진다. 일정한 간격으로 배열된 이미지나 동일한 아이템을 상단에 리듬감 있게 연출하면 시선이 자연스럽게 위로 향하게 되고 매장 내부의 다른 상품보다 먼저 주목받게 된다.

테이블 구성: 다양한 상품 연출

테이블 구성은 카테고리에 관계없이 다양한 상품을 유연하게 연출할 수 있는 연출 방식이다. 테이블 구성은 매장 입구에 배치하면 브랜드 전반을 간결하게 보여주는 이미지 출발점이 되고, 매장 중앙에 위치할 경우 고객의 이동을 유도하며 시선을 모으는 중심축이 된다.

최근에는 진열과 연출의 경계를 허물고 고객이 상품을 직관적으로 이해하여 바로 스타일링에 활용할 수 있도록 제안하는 방식이 주목받고 있다. 중심 아이템을 연출하고, 주변에 관련 상품을 함께 구성하면 고객은 별다른 설명 없이도 전체 스타일을 쉽게 파악하고 필요한 상품을 효율적으로 선택할 수 있다. 이 방식은 프로모션 상품, 신상품, 인기

스타일링 제안, 유사 상품 그룹핑 테이블 구성

아이템을 강조할 때 특히 효과적이다.

    테이블 구성은 시즌이나 테마에 따라 구성을 유연하게 바꿀 수 있어 매장에 활력을 더하는 데도 적합하다. 소형 매장이나 공간 제약이 있는 환경에서도 브랜드의 감도와 스타일을 충분히 표현할 수 있다는 점에서 테이블 구성은 매우 유용한 연출 수단이다.

마네킹과 소품으로 완성하는 스타일링

VM 디렉터로 활동하다 보면 마네킹 활용이 아쉬운 매장들을 종종 마주하게 된다. 일부 브랜드 매장조차 마네킹의 소재나 사양이 제각기 다른 것으로 연출되어 있는가 하면 오염되거나 파손된 마네킹으로 연출된 사례도 있다. 현장에서는 이러한 문제점을 파악한 뒤 마네킹 연출의 중요성과 통일된 마네킹 사양의 필요성에 대해 교육 후 개선하기도 한다. 소형 매장의 경우 마네킹 통일성이나 관리가 체계적으로 이루어지지 않아 브랜드의 이미지에 부정적인 영향을 주는 경우가 많다. 마네킹은 고객과의 첫 접점이자 브랜드의 이미지를 전달하는 매개체이기 때문에 마네킹을 효과적으로 활용하고 연출하는 방법은 매우 중요하다.

매장 콘셉트에 맞춘 마네킹 선택

의류 매장에서 마네킹은 하나의 독창적인 오브제로서 고객의 시선을 단번에 사로잡는 역할을 한다. 따라서 마네킹의 통일성과 유지관리는 매우 중요하다.

같은 브랜드 매장 안에서 마네킹의 소재나 사양이 제각각이면 전체적인 연출이 어수선해 보일 수 있다. 매장 콘셉트에 맞춘 통일된 스타일의 마네킹을 사용하는 것이 중요하고, 정기적인 점검을 통해 오염되거나 파손된 부분은 즉시 교체하는 관리가 필요하다. 또한, 마네킹 연출 상품 역시 최상의 상태를 유지해야 한다. 구겨지거나 오래된 상품은 매장의 품격을 떨어뜨릴 수 있기 때문에 일정한 주기마다 스타일링을 새롭게 바꾸어야 하고, 교체 시에는 마네킹 상품을 스팀 다림질 후 깔끔하게 착장해야 한다. 깨끗하고 정돈된 마네킹은 고객이 스타일링을 참고할 수 있는 좋은 가이드가 되며 이는 자연스럽게 구매로 이어질 수 있도록 돕는 중요한 역할을 한다.

계절감, 트렌드, 브랜드 콘셉트와 일관되게

잘 코디네이션된 마네킹은 매장 안에서 가장 조용하지만 동시에 가장 강력한 세일즈 도구다. 조화롭게 스타일링된 아이템은 상품의 분위기와 브랜드의 감도를 한눈에 전달하며 고객의 시선을 사로잡고 구매 욕구를 자극한다.

고객의 흥미를 유도하기 위해서는 쇼윈도나 매장 입구에 배치된 마네킹 코디네이션이 계절감과 트렌드를 반영함과 동시에 브랜드 고유의 콘셉트를 일관되게 표현해야 한다. 이때 시즌마다 유행하는 컬러, 실루엣, 트렌드는 브랜드의 방향성과 어긋나지 않도록 선별적으로 적용해야 하며 전체적인 스타일 방향성과도 조화를 이루어야 한다. 매장의 포컬 포인트에 위치한 마네킹은 색상과 스타일의 조합을 통해 시선을 집중시키고 상품에 대한 관심과 몰입을 유도해야 한다. 여기에 가방, 신발, 모자, 액세서리 등 다양한 소품을 활용하면 고객은 이를 하나의 완성된 스타일로 받아들이게 된다. 상품은 단독으로도 의미를 갖지만, 다른 아이템과 조화롭게 연출되었을 때 전달력이 높아진다. 연출의 완성도는 곧 연계 구매의 가능성을 높이는 전략이 된다.

마네킹 스타일링에서 중요한 것은 고객이 그 구성을 보고 자신의 일상에 자연스럽게 대입해볼 수 있도록 만드는 것이다. 출근, 주말, 여행 등 구체적 생활 장면이 떠오르는 테마로 스타일링하면 고객은 그 스타일을 하나의 제안으로 받아들이고 매장 안으로 발걸음을 옮기게 된다.

이때 마네킹 코디를 고객에게 시각적으로 전달하는 방법으로 크로스 코디네이션을 활용할 수 있다. 크로스 코디네이션은 고객의 스타일링 상상력을 자극하고, 매장에서의 구매 연쇄작용을 일으키는 데 효

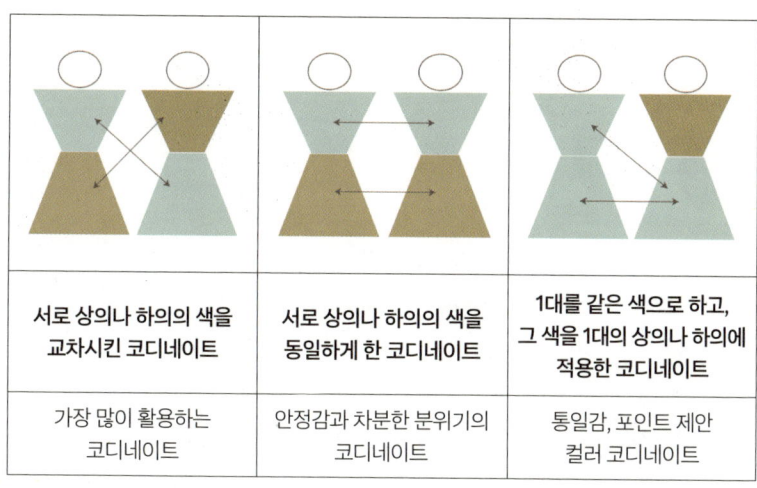

그림 20. 크로스 코디네이션

적이다. 컬러와 소재, 그리고 아이템을 조화롭게 코디네이션하여 브랜드만의 스타일과 분위기를 직관적으로 보여줄 수 있다.

동선과 시선을 고려한 마네킹 배치

고객의 동선과 시선을 고려한 마네킹 배치는 매장 내 체류 시간과 상품 노출 효과를 높이는 데 중요한 역할을 한다. 마네킹을 매장 입구 정면에 배치하는 것만이 항상 최선의 전략은 아니다. 중요한 것은 마네킹이 고객의 시선을 끌고, 매장 안쪽까지 자연스럽게 유도하는 동선 설계의 일부가 되어야 한다는 점이다.

매장 내부에서 고객의 시선을
머물게 하는 마네킹 연출

입구에서 시선을 사로잡는 마네킹 연출

    입구에서는 강렬한 컬러나 인상적인 스타일링으로 시선을 사로잡고 매장 내부로 들어갈수록 세분화된 스타일링을 제안함으로써 고객의 머무름을 유도하는 방식이 효과적이다. 공간의 깊이에 따라 스타일링의 밀도와 분위기를 점진적으로 변화시키면 시선의 흐름에 맞춰 감각적인 쇼핑 경험을 형성할 수 있다. 또한, 마네킹을 더욱 돋보이게 하기 위해서는 소도구나 조명을 적절히 활용하는 것이 중요한데 스타일링에 어울리는 오브제나 소도구는 시각적 흥미를 더해주고, 조명은 마네킹에 집중도를 부여해 브랜드의 분위기를 선명하게 전달한다.

05
고객과 신뢰를 쌓는 친환경 디스플레이와 지속 가능한 연출

지속 가능한 소비 문화가 확산하면서 매장 연출은 브랜드의 친환경 철학을 보여주는 중요한 수단으로 주목받고 있다. 고객은 제품만이 아니라 그것이 놓인 공간과 전시 방식을 통해 브랜드가 지향하는 가치를 읽어낸다. 최근에는 연출물 제작 후 발생하는 폐기 문제를 의식해 일회성 구조물을 줄이고 연출 자체를 간결하게 구성하는 경향이 늘고 있다. 대형 그래픽이나 합성 소재 대신, 공기정화 식물이나 지역에서 수급한 자연 소재를 활용해 공간을 채우는 사례도 늘어나고 있다. 계절에 따라 식재를 교체하거나 살아있는 오브제를 중심에 두는 방식은 연출물의 수명을 연장하여 환경에 미치는 부담을 줄이는 데 기여한다.

재활용 가능한 목재, 종이, 천연 섬유처럼 친환경 소재를 사용하는 흐름이 확산되고 있으며, 에너지 절감을 고려한 LED 조명, 해체와 재조립이 가능한 모듈형 집기 역시 지속 가능한 연출을 실현하는 주요 수단으로 자리 잡고 있다. 일부 브랜드는 매장 안에 '지속 가능성 존Sustainability Zone'을 마련해 자사의 친환경 정책과 실천 과정을 고객에게 직접 보여주고 있다. 탄소 배출 저감 노력, 친환경 패키지 전환, 윤리적 생산과 같은 메시지는 브랜드의 방향성을 설명하는 동시에 고객과의 신뢰를 쌓는 매개가 된다.

지속 가능성을 강조하는 매장의 연출은 과도하게 꾸며진 인위적 장면보다, 소재 본연의 결을 살리고 자연의 흐름을 따르는 구성이 더 깊은 인상을 남긴다. 브랜드가 추구하는 가치와 그 실천 방식을 공간 안에 자연스럽게 녹여내는 것이 곧 설득력 있는 메시지가 된다.

친환경 메시지를 담은 리워드 & 업사이클링

친환경 리워드 프로그램과 업사이클링 존 운영은 친환경 제품 판매를 넘어 고객이 브랜드의 철학을 체험하고 직접 참여할 수 있는 실질적인 방식으로 자리 잡아가고 있다. 최근 많은 브랜드는 이러한 실천을 통해 지속 가능한 가치를 고객과 함께 나누는 방법을 적극적으로 모색하고 있다.

런던의 아디다스 플래그십 매장은 지속 가능성을 더욱 적극적으로 공간에 반영한 사례다. 매장은 100% 재생 가능 에너지로 운영되며 내부 집기는 재활용 플라스틱을 활용해 제작되었다. 특히 '우리는 바다를 살립니다'라는 메시지가 공간 곳곳에 인상적으로 배치되어 브랜드가 추구하는 가치를 명확히 전달하고 있었다. 아디다스는 'Parley for the Oceans(팔리 포 더 오션즈)'와 협업하여 바다에서 수거한 폐플라스틱을 신발 소재로 재가공하는 프로젝트를 진행하고 있으며, 이 과정을 매장 안에 시각적으로 전시함으로써 고객에게 친환경 실천 과정을 직관적으로 전달하고 있었다. 이러한 연출은 지속 가능한 브랜드 철학을 공감으로 연결하는 효과적인 장치가 된다.

고객이 사용한 제품을 매장에 반납하면 혜택을 제공하거나 친환경 제품 구매 시 포인트를 적립해주는 리워드 프로그램은 고객에게 실질적인 혜택을 제공하면서도 지속 가능한 소비 행동을 장려한다. 이러한 참여형 프로그램은 브랜드와 고객이 함께 가치를 실천해나가는 흐름을 만들어낸다.

MUJI(무지) 매장에서도 이러한 흐름을 직접 체감할 수 있었다. 매장 한편에 마련된 리사이클 존에서는 사용하지 않는 의류를 반납하면 리워드를 제공받을 수 있었고, 수거된 제품은 업사이클링 과정을 통해 새로운 자원으로 재탄생하는 것을 시각적으로 보여주었다. 단순한 안

도쿄 무지MUJI 매장 리사이클 존

내 문구나 전시를 넘어 브랜드의 친환경 실천을 고객이 체감할 수 있도록 구성한 점이 특징이었다.

MUJI와 유니클로는 시즌 연출에서도 변화를 시도하고 있다. 크리스마스 시즌에 화려한 장식이나 일회성 소품 대신, 리사이클 소재와 자연 소재로 만든 오브제를 설치하고, 장식을 최소화한 절제된 연출을 통해 환경을 고려하는 브랜드의 태도를 전달하고 있다.

국내 브랜드들도 이러한 흐름에 맞춰 매장 연출 방식을 재정비하고 있다. 폐플라스틱으로 제작한 옷걸이, 폐현수막을 재활용한 디스플레이 집기 등 친환경 자재를 활용한 시도가 점차 확대되고 있으며, 디스플레이 소재 역시 폐자원을 기반으로 제작하거나 디지털 사이니지를 도입해 물리적 연출물을 줄이는 방식으로 전환되고 있다. 이러한 변화는 단순한 유행을 넘어 지속 가능한 매장 운영을 위한 새로운 기준으로 자리 잡고 있다. 앞으로는 친환경 자재의 선택뿐 아니라 공간을 구성하는 전 과정에서 자원의 순환과 환경 영향을 고려하는 접근이 점점 더 중요해질 것이다.

PART 5

Emotional Place Branding

브랜딩으로
감성을 설계하고
디지털 전략으로
경험을 확장한다

브랜딩으로 감성을 설계하고, 디지털 전략으로 경험을 확장한다. 상업 공간은 이제 고객이 머물고 느끼고 반응하는 장면을 만드는 곳으로 바뀌고 있다. 그 변화 속에서 공간은 브랜드의 이야기를 품으며 방문자는 그 흐름 속에서 감정을 경험하게 된다. 감정을 세심하게 설계하는 브랜딩과 경험을 넓히는 디지털 전략이 맞물리며 브랜드와 고객 사이에는 새로운 관계가 만들어진다.

감성을 설계하는 브랜딩은 조명, 색채, 음향, 향기 같은 다감각적 요소를 통해 공간에 감정의 결을 입힌다. 고객이 이동하는 동선 속에 브랜드의 철학이 자연스럽게 녹아들어 방문객은 공간을 경험하며 메시지를 직관적으로 이해하게 된다. 매장은 하나의 이야기가 되고 방문자는 그 안의 주인공처럼 브랜드의 세계를 체험한다. 이렇게 설계된 정서적 장치는 고객의 감정과 연결되어 무형적 가치가 된다.

경험을 확장하는 디지털 전략은 매장에서의 감동을 지속적인 여정으로 발전시킨다. 오프라인 매장을 떠난 고객이 온라인에서 브랜드와 접촉하고 이런 디지털 상호작용이 다시 매장 방문으로 이어지는 선순환이 형성된다. 모바일 앱, 디지털 사이니지, AI 기술은 브랜드 경험의 영역을 넓히며 고객의 일상과 브랜드를 연결하는 효과적인 매개체가 될 수 있다.

이런 흐름 속에서 온라인과 오프라인의 경계는 점차 융합되고 있다. 사람들은 이제 언제 어디서든 같은 온도를 가진 브랜드 경험을 기대한다. 매장의 분위기와 모바일 앱, SNS 콘텐츠가 자연스럽게 이어지고, 고객은 그 흐름 속에서 반응하고 행동하며 브랜드의 이야기를 함께 만들어간다. 특히 팝업스토어에서는 직접 콘텐츠를 공유하고, 앱을 통해 브랜드에 참여하는 방식은 더 이상 낯설지 않게 되었다. 그래서 요즘, 성수동이라는 동네가 실험적이고 몰입감 있는 브랜드 경험의 무대로 떠오른 것도 그리 놀라운 일이 아니다.

그래서 상업 공간을 바라보는 기준도 달라졌다. 고객이 이 공간에서 어떤 감정을 느끼고, 어떤 경험을 쌓았는지가 더 깊은 의미를 가진다. 비주얼 머천다이징 역시 상품을 보기 좋게 정리하는 것만으로는 충분하지 않다. 브랜드는 공간 안에 자연스럽게 세계관을 녹여내야 한다. 그리고 이제 그 세계관을 형상화해 고객의 마음을 움직이는 장면을 만들어야 한다. 마음을 움직인 장면은 쉽게 잊히지 않는다.

고객과의 연결 방식도 한층 정교해졌다. 오프라인에서의 깊은 몰입 경험은 광고나 프로모션을 넘어 브랜드 팬덤을 일으키는 촉매제가 된다. 디지털 영역에서는 검색 알고리즘과 맞춤형 콘텐츠가 고객 취향에 맞게 최적화되어 브랜드에 관한 관심과 참여를 유도한다.

브랜딩의 감성 설계와 디지털 전략의 경험 확장이 조화를 이룰 때 상업 공간은 판매 장소를 넘어선 가치를 창출한다. 고객의 마음을 움직이는 감성적 브랜딩과 그 감동을 연장하는 디지털 전략의 균형이 핵심 요소이다. 이 두 요소가 자연스럽게 융합될 때 브랜드는 고객의 일상에 스며들어 장기적 관계를 형성하고, 궁극적으로 브랜드 충성도와 비즈니스 성공으로 이어진다.

01
기억되는 브랜드는 어떻게 만들어지는가

불과 몇 년 전까지 브랜드의 핵심 가치는 기능성, 품질, 서비스에 있었다. 매장은 제품을 진열하고 판매를 지원하는 실용적 공간으로 기능을 우선시했다. 골목 상권의 작은 가게부터 백화점, 대형 쇼핑몰까지 다양한 규모의 브랜드 공간들이 유사한 방식으로 운영되었다.

그러나 시대가 변하면서 매장을 바라보는 시선도 달라졌다. 이제 소비자들은 제품 자체보다 브랜드가 담고 있는 철학과 분위기에 더 민감하게 반응한다. 사람 중심의 가치관이 확산하고 라이프스타일이 다양해지면서 상품의 가치를 전달하는 방식 또한 근본적인 변화를 맞이하게 되었다.

브랜드 공간은 더 이상 기능적 목적에만 머무르지 않는다. 방문객은 그 안에서 시간을 보내며 분위기와 태도를 온몸으로 체감한다. 제품을 고르는 행위 이상으로 브랜드가 전달하는 경험 자체가 중요해진 것이다. 매장 방문이 하나의 체험이 되고, 이 경험은 브랜드에 대한 긍정적인 인상으로 발전한다. 수많은 브랜드가 이 지점에 주목하며 감정과 경험을 설계하는 전략적 브랜딩을 추구하게 되었다.

이처럼 경험 중심의 브랜딩이 중요해진 지금, 우리는 일상속에서 무수히 많은 브랜드와 마주한다. 길가의 간판, SNS 피드의 광고, 동네 카페의 감성이 자연스럽게 우리 삶에 스며든다. 그중에서도 오래 기억에 남는 브랜드는 시각적 요소를 넘어 정서적 울림을 전달하는 데 성공한 경우다.

여행 중 우연히 방문한 작은 로컬 숍을 떠올려보자. 그곳만의 독특하면서도 따뜻한 분위기, 직원의 진심 어린 응대, 공간에 흐르는 음악, 그리고 묘하게 여운을 남기는 조명까지 이 모든 요소가 하나의 생생한 기억으로 남는다. 방문객은 로고나 슬로건보다 그 공간이 전달한 감성과 그 순간의 경험을 더 강렬하게 기억한다. 정서적 연결은 시간이 지나도 흐려지지 않는다. 오히려 시간이 흐를수록 브랜드에 대한 인상은 더 또렷하게 남는다.

현대의 상업 공간 디자인은 기능적이고 심미적인 장소를 만드는 차원을 넘어섰다. 방문객의 마음을 움직이고 브랜드의 이야기를 효과적으로 전달하며 첫 만남부터 강렬한 인상을 남기는 공간 설계가 핵심 과제가 되었다. 물리적 공간과 디지털 경험의 경계가 흐려진 지금 시대에서 공간은 감정을 연출하고, 디지털 전략은 그 감정을 더 넓고 오래 지속시키는 역할을 한다.

첫인상의 힘은 절대적이다. 고객은 공간을 처음 접하는 순간부터 이미 무의식적으로 브랜드를 평가하기 시작한다. 세심하게 정돈된 외관, 조화로운 실내 분위기, 일관된 색채 감각은 말없이도 브랜드의 철학과 가치관을 전달한다. 정서적 경험, 브랜드 스토리텔링, 첫인상은 개별적으로 보일 수 있지만 실제로는 하나의 유기적인 감정 흐름으로 융합되어 브랜드에 대한 통합된 인식을 형성한다.

오늘날 소비자는 구매만을 위해 공간을 방문하지 않는다. 그들은 의미 있는 경험을 통해 브랜드와 깊이 교감하고 이것이 브랜드에 대한 신뢰와 지속적인 애착으로 발전한다.

"고객의 마음속에 어떤 장면으로 남을 것인가?" 현대 브랜딩은 바로 이 질문에 대한 해답을 찾는 여정이다. 오래 기억에 남는 경험을 전략적으로 설계하는 능력이 브랜드의 진정한 경쟁력이다.

고객은 감정을 통해 구매한다

우리는 매일 수많은 브랜드를 스쳐 지나지만 그중 일부 매장만이 오래 기억에 남는 이유는 무엇일까? 단지 제품이 좋거나 서비스가 친절해서가 아니다. 마음에 감정을 남긴 인상적인 장면, 특별한 응대 또는 공간이 전하는 독특한 분위기가 감각에 닿았기에 그 기억은 선명하게 남는다.

세련된 로고나 눈에 띄는 간판도 브랜드를 알리는 데 도움이 되지만 진짜 강력한 인상을 남기는 것은 공간이 만들어낸 감정적 경험이다. 고객은 그 기억 속 감정과 함께 브랜드를 떠올리고 그 감정은 제품에 대한 인지로 이어진다.

진정한 브랜드 인지도는 표면적인 요소만으로 완성되지 않는다. 브랜드의 철학과 장소의 분위기가 공간에 자연스럽게 스며들 때 매장은 판매 공간을 넘어 고객의 기억에 남는 하나의 생생한 장면으로 변모한다. 때로는 매장 하나가 독립적으로 존재하기보다 지역과 조화를 이루며 함께 브랜딩될 때 그 영향력은 더욱 깊어진다.

세계적인 마케팅 전문가인 세스 고딘Seth Godin은 "브랜드는 겉모습이 아닌 사람들에게 어떤 감정을 불러일으키느냐로 정의된다"라고 말했다. 하버드 경영대학원 제럴드 잘트먼Gerald Zaltman 교수의 연구에 따르면 "소비자의 95%가 감정에 의해 구매를 결정한다"라고 한다.

이 두 관점은 브랜드가 이성적 판단보다 감정과 직관을 통해 더 깊고 오래 형성된다는 사실을 명확히 보여준다.

감성 지역 브랜딩 Emotional Place Branding:
지역 고유의 이미지와 감성 표현

감성 지역 브랜딩은 지역의 고유한 정체성을 바탕으로 그 공간만의 분위기와 이야기를 시각적·공간적 요소로 표현해 방문객이 정서적으로 몰입할 수 있는 경험을 설계하는 전략이다. 이를 구현하려면 먼저 해당 지역의 역사, 문화, 사람들의 생활 방식을 깊이 이해해야 한다. 그런 다음 이러한 지역적 특성을 공간 디자인, 색채, 소재, 향기 등 다양한 감각적 요소로 재해석하여 방문객이 그 지역의 본질을 자연스럽게 경험할 수 있도록 해야 한다.

포틀랜드를 처음 방문했을 때 도시는 겉으로는 소박해 보였지만 그 안에는 유쾌한 반항기와 자유로움이 있었다. 부두 도넛 Voodoo Doughnut 은 이런 도시 정신을 감각적으로 담아낸 브랜드이다. 매장에 마주했을 때 가장 먼저 시선을 사로잡는 강렬한 핑크는 주목 효과만이 아니라 "인생을 너무 심각하게 살지 말자"라는 포틀랜드식 유머와 자유를 시각화한 언어다.

기발한 도넛 이름과 형태, 자유로운 분위기의 직원들까지 공간 전

지역의 정체성을 시각화한 브랜딩

체가 도시의 정체성을 표현하는 하나의 이야기로 작동한다. 세련됨에 집중하는 여타 브랜드와 달리 부두 도넛은 '다름'을 과감히 선택해 강렬한 인상과 충성도를 얻었다. 포틀랜드 주민이나 방문객에게 이곳은 단지 도넛 가게가 아닌 도시 철학을 온전히 경험할 수 있는 상징적 장소로 존재한다.

반캉왓Baan Kang Wat은 치앙마이 외곽에 자리한 작은 예술 창작촌이다. 이곳을 처음 찾았을 때 도시의 여유로움과 자연이 어우러진 마

지역의 공간적 성격을 감각적으로 해석

을에서 일상 속 예술이 조용히 숨 쉬고 있다는 인상을 받았다. 나무와 흙, 손글씨 간판, 수공예품이 조화를 이루며 어느 하나 인위적인 것이 없이 지역의 감성과 분위기가 그대로 공간에 스며 있었다.

이곳은 치장된 장면보다 있는 그대로의 공간을 통해 감성을 체험하도록 유도한다. 방문객들은 자유롭게 골목을 거닐며 그 속에 녹아든 예술과 창작자의 태도를 자연스럽게 마주하게 된다. 상업적 기획 없이도 마을의 정체성과 에너지는 공간을 통해 조용히 드러난다.

반캉왓은 '감성 지역 브랜딩'이라는 개념을 조용하지만 깊이 있게 실현한 공간이다. 지역 고유의 이미지와 정서가 일상 속에 자연스럽게 스며들 때 감성은 공간이 되고, 공간은 곧 브랜드가 된다. 이 마을은 그 모든 과정을 말없이 보여준다.

브랜드가 고객의 기억 속에 오래 남기 위해 필요한 것은 지역의 '공간적 성격'을 감각적으로 해석하고 그것이 방문객의 감정에 자연스럽게 스며들게 하는 것이다. 이런 브랜드는 방문객에게 상품 경험만이 아닌 지역의 감정과 풍경을 체험했다는 깊은 인상을 남긴다. 지역 고유의 이미지와 감정을 진정성 있게 표현한 브랜드는 일시적인 주목을 넘어 다시 찾고 싶은 장소로서의 가치를 지닌다.

이렇게 형성된 경험은 좋았던 매장이라는 기억에 그치지 않는다. 그 순간이 다시 떠오르고 브랜드와의 유대가 생기며 자연스럽게 재방문으로 이어진다. 다른 브랜드와 비교하거나 합리적 이유를 따지지 않아도 그 브랜드만이 줄 수 있는 특별한 감정이 있기에 고객은 기꺼이 다시 그곳을 찾는다.

공감과 감정으로 브랜드를 강화하는 스토리텔링 Storytelling

시장환경과 소비자 인식이 빠르게 변화하면서 제품이나 서비스 자체만으로는 경쟁력을 확보하기 어려워졌다. 비슷한 품질과 기능을 가진 상품이 넘쳐나는 요즘, 사람들은 브랜드가 전하는 의미와 가치에 더 관심을 기울인다. 이러한 변화 속에서 '스토리텔링'은 브랜드의 정체성을 표현하고 사람들과 깊은 관계를 맺는 중요한 방법이 되었다.

스토리텔링은 정보 전달을 넘어 이야기를 통해 공감과 감정을 불러일으키는 소통 방식이다. 브랜드는 이를 통해 사람들과 정서적 유대를 형성하고 자신만의 뚜렷한 이미지를 만들어가는 기술이다.

브랜드 이야기의 3가지 힘

첫째, 정체성을 만든다

좋은 브랜드는 고유한 비전, 가치, 그리고 역사 위에 일관된 아이덴티티를 구축한다. 이 정체성은 브랜드의 진정성을 담고, 사람들과의 신뢰를 형성하는 기반이 된다. 예를 들어, 애플은 'Think Different(다르게 생각하라)' 캠페인을 통해 기술 기업을 넘어 창의적 혁신을 상징하는 브랜드로 자리매김했다.

둘째, 차별점을 만든다

비슷한 제품이 넘쳐나는 시장에서 브랜드만의 고유한 이야기는 강력한 차별화 요소가 된다. 제품은 쉽게 복제될 수 있지만 브랜드의 스토리와 역사는 모방할 수 없다. 예를 들어, 코카콜라와 펩시는 기능적으로 유사하지만 각자의 이야기를 통해 전혀 다른 브랜드 정체성과 포지셔닝을 구축했다.

공간에 담긴 브랜드 스토리, 런던베이글

셋째, 감정적 연결을 만든다

브랜드 이야기는 사람들의 감정을 움직이고 브랜드와의 정서적 거리를 좁혀주어 더 깊은 의미를 갖게 한다. 예를 들어, 나이키의 슬로건 'Just Do It(망설이지 말고 도전하라)'은 도전 정신을 상징하며 삶의 태도를 제안하는 브랜드로 확장되었다.

공간과 이야기로 구현한 브랜드 경험

런던베이글은 런던의 도시 감성과 전통 베이글을 창의적으로 결합해 베이커리를 문화 체험 공간으로 확장시켰다. 매장에 들어서면 런던 거리를 걷는 듯한 색감, 소품, 그리고 전통 방식의 베이글이 하나의 이야기로 연결되며 방문객은 음식과 함께 런던 문화를 경험하게 된다.

이들의 스토리텔링 전략은 제품, 공간, 서비스의 모든 접점에서 일관된 테마를 구현한 데 있다. 이러한 정체성은 경쟁 브랜드와의 차별화는 물론, 고객 충성도를 높이며 브랜드 가치를 한층 강화했다.

가치와 경험을 전하는 브랜드 이야기 만들기의 핵심

브랜드 스토리텔링에서 가장 중요한 것은 브랜드의 특성과 본질적 연관성이다. 예를 들어, 제품의 원산지 국가의 역사를 반영하거나 제품의 효과를 타깃 고객에게 맞춰 부각하는 스토리를 만들어야 한다.

프랑스 예술과 라이프스타일을 재현, 프랭탕 뉴욕[20]

20 출처: https://commons.wikimedia.org/wiki/File:Printemps_New_York.png

일관성도 필수 요소로 브랜드 이야기는 로고, 공간 디자인, 제품, 직원 응대 등 모든 접점에서 일관되게 표현되어야 한다.

2025년 뉴욕에 오픈한 프랑스 백화점 '프랭탕Printemps'이 효과적인 스토리텔링을 구현한 좋은 사례다. 이들은 프랑스 전통 백화점의 정체성을 보존하면서 '뉴욕 속 파리지앵의 삶'이라는 명확한 철학을 중심으로 브랜드 스토리를 구축했다. 주목할 점은 프랭탕이 매출보다 체류 시간을 핵심 지표로 삼는 접근법을 도입한 것이다. 이는 상업적 거래를 넘어 프랑스 라이프 스타일의 여유와 문화적 경험을 강조하는 브랜드 이야기와 일치한다.

공간 디자인에서도 프랑스 특유의 패턴과 여유로운 공간 구성을 통해 이야기를 시각적으로 구현했다. 고객은 쇼핑을 하면서 파리의 문화와 라이프 스타일을 경험하게 된다. 이처럼 브랜드 본질인 프랑스적 정체성을 명확히 하고 이를 공간 경험과 운영 방식 모두에 일관되게 적용함으로써 강력한 브랜드 스토리텔링을 완성했다.

이런 방식의 스토리텔링은 브랜드의 가치를 효과적으로 전달하고 고객과의 정서적 유대를 깊게 만드는 도구다. 특히 물리적 공간을 통해 구현된 이야기는 사람들에게 강렬한 경험을 제공하며 오래 기억에 남는다. 10~15초짜리 광고에서도 제품의 핵심 특징을 이야기로 풀어내는 것처럼 공간 역시 브랜드 스토리를 경험할 수 있는 강력한 매체가 될 수 있다.

브랜드나 매장에 스토리텔링을 적용할 때는 이렇게 생각해보자. "우리는 무엇을 팔고 있는가?"보다 중요한 질문은 "우리는 브랜드의 어떤 경험과 가치를 전달하고 있는가?"이다. 제품보다 그 제품이 주는 강력한 이야기를 통해 브랜드가 강화될 수 있다.

고객의 마음에 자리 잡는 첫인상 만들기

첫인상은 사람 사이의 관계뿐 아니라 브랜드와 고객 사이에서도 결정적인 영향을 미친다. 심리학 연구에 따르면 사람은 처음 만난 대상에 대해 몇 초 만에 인상을 형성하는데 브랜드 경험에서도 이는 다르지 않다.

파사드의 힘 1. 브랜드의 얼굴

파사드facade는 건물의 정면 외관으로 고객이 브랜드를 처음 마주하는 시각적 접점이다. 이 순간은 브랜드에 대한 첫인상을 결정짓고 이후의 경험이 기대를 형성한다. 브랜드의 외관은 디자인을 넘어 메시지를 담아야 한다. 형태, 색상, 재질, 조명 등의 요소들은 브랜드가 지닌 태도와 철학을 시각적으로 표현하며 고객은 이를 통해 브랜드의 성격을 직관적으로 파악한다.

한 브랜드 리뉴얼 프로젝트에서 간판과 외벽만 변경한 사례가 있었다. 기존 간판은 무채색의 평면적 디자인에 야간 가시성이 낮아 이를 개선하기 위해 짙은 색 도장, 입체적 패널, 야간 조명을 적용했다.

매장 전체가 아닌 가장 눈에 띄는 요소에 집중함으로써 예산은 절감하면서도 효과는 극대화할 수 있었다. 간판, 출입구, 창문 디스플레이에 브랜드 요소를 일관되게 적용하자 고객의 시선이 오래 머물고 강한 첫인상을 남길 수 있었다.

파사드의 힘 2. 랜드마크

강렬한 파사드는 매장을 도시 속 브랜드 랜드마크로 만들 수 있다.

애플Apple 뉴욕 매장이 대표적인 사례다. 지상에는 투명한 유리 정사각형 구조와 사과 로고만 존재한다. 불필요한 요소를 모두 제거한 구조물은 '간결함'이라는 애플의 브랜드 철학을 상징적으로 드러내며 도심 속 브랜드 아이콘이 되었다.

명품 브랜드들도 파사드를 전략적으로 활용한다. 시그니처 패턴이나 소재를 외관에 적용해 인지도를 높이고 지역 문화와 브랜드 철학을 조화시켜 고유한 분위기를 연출한다. 이처럼 파사드는 브랜드를 각인시키는 건축적 언어로서 외관이 인상적일 때 브랜드는 공간과 함께 기억된다.

브랜드의 강력한 아이덴티티를 표현[21]

21   출처: https://www.apple.com/, https://www.dior.com/

파사드의 힘 3. 브랜드의 정체성

파사드는 거리의 외관에서만 발견되지 않는다. 쇼핑몰 내부나 여러 브랜드와 결합하여 나타나기도 한다. 그러기 때문에 효과적으로 브랜드의 이미지를 나타낼 수 있는 전략이 필요하다.

파사드 전략 1. 브랜드 정체성의 시각화
파사드에 브랜드 색상 가이드를 체계적으로 적용하는 것이 중요하다. 주색과 보조색은 벽면이나 주요 구조물에 강조색은 간판이나 장식 요소에 활용하면 브랜드 인지도를 효과적으로 높일 수 있다.

파사드 전략 2. 차별화된 디자인 요소
경쟁 브랜드와 구별되는 독특한 간판 형태, 입체적 장식, 고유 패턴 등을 개발하여 첫 시선에서부터 브랜드를 인식시키고 기억에 남는 효과를 창출한다.

파사드 전략 3. 전략적 조명 설계
조명은 주야간 가시성을 좌우하는 핵심 요소다. 브랜드 이미지에 맞는 색온도를 선택하고(따뜻한 분위기는 3000K 이하, 현대적 느낌은 5000K 이상), 시간대별 자동 밝기 조절 시스템을 통해 효율성과 최적의 브랜드 표현을 동시에 추구한다.

브랜드의 다양한 파사드 구현 방식

파사드 전략 4. 고객 유입을 고려한 디자인

파사드는 심리적 장벽을 낮추는 디자인이 중요하다. 투명하고 개방적인 입구, 내부 가시성 확보, 브랜드 스토리와 대표 상품의 전략적 배치를 통해 자연스러운 방문과 매장 경험으로의 연결을 유도한다.

파사드 전략 5. 지역 특성 반영

효과적인 파사드는 표준화된 디자인을 넘어 지역적 맥락과 건물 특성을 고려한 맞춤형 접근이 필요하다. 지역 간판 규제, 건물 구조, 주변 환경과의 조화를 분석하여 브랜드의 일관성과 지역적 특성 사이의 균형점을 찾아야 한다.

파사드는 브랜드의 철학과 가치를 보여주는 창이자 고객 경험의 시작점이다. 건물의 외관을 장식이 아닌 브랜드 전략의 핵심 요소로 접근할 때 우리는 강력한 첫인상을 통해 고객의 마음속에 브랜드를 자리 잡게 할 수 있다.

02
보이는 것이 전부다: 시각적 아이덴티티의 설계

최근 리테일 환경에서 브랜드는 제품만을 이야기하지 않는다. 정체성과 가치, 태도, 심지어 브랜드가 지향하는 세계관까지 고객과 공유해야 한다. 모든 메시지를 한 번에 전달하는 것은 불가능하므로 브랜드는 소비자가 경험하는 순간마다 이야기를 심어둔다. 이것이 바로 '시각적 아이덴티티'의 본질이다.

시각적 아이덴티티는 브랜드의 철학과 성격, 방향성을 로고, 컬러, 그래픽 같은 시각적 요소로 풀어낸 결과물이다. 소비자와 브랜드 사이에서 감정적 교감을 형성하는 첫 순간을 만들어주며 넘쳐나는 이미지 속에서도 선명한 인상을 남기게 한다. 명확한 메시지와 일관된 표현이 바로 브랜드를 기억하게 만드는 가장 확실한 방법이다. 이렇게 형성된 시각적 요소는 어떻게 브랜드의 이야기를 효과적으로 전달할까?

성공적인 브랜드는 말로 설명하지 않는다. 보이는 방식으로 이야기를 건넨다.

로고는 브랜드 본질을 압축한 상징이고 컬러는 감성을 직관적으로 전달하는 언어이며 그래픽은 브랜드의 태도와 개성을 감각적으로 표현하는 도구이다. 이 세 가지 요소는 브랜드를 기억하는 가장 강력한 첫인상을 만들어낸다. 하지만 이러한 핵심 시각 요소들의 영향력은 여기서 그치지 않는다.

브랜드 아이덴티티는 매장 공간과 패키지, 굿즈, POP 같은 물리적 접점을 통해 더욱 확장된다. 패키지는 브랜드 철학이 담긴 오브제이고, POP는 고객의 행동을 자극하는 메시지다. 굿즈는 고객의 일상에 브랜드를 자연스럽게 녹여낸다. 이 모든 것이 하나의 흐름처럼 연결될 때 브랜드는 시각을 넘어 소비자가 체험하고 느끼는 하나의 세계가 된다. 이제 이러한 요소들이 어떻게 브랜드를 형성하는지 구체적으로 살펴보자.

이 장에서는 로고와 컬러, 그래픽이 브랜드의 얼굴을 형성하는 방식과 패키지, POP, 굿즈가 브랜드 세계관을 어떻게 펼쳐나가는지, 그리고 프로모션 디자인이 고객의 시선을 사로잡고 정보를 효과적으로 전달하는 방법을 살펴본다. 이 모든 시각적 요소는 관통하는 핵심 원칙이 있다.

보이는 것이 전부다.
그리고 그 '전부'는 미적 아름다움과 함께 치밀한 설계와 전략을 통해 비로소 완성된다.

로고와 컬러, 그래픽이 완성하는 브랜드 얼굴

브랜드 아이덴티티Brand Identity는 외형에 머무는 개념이 아니다. 소비자가 브랜드를 인식하고 기억하는 과정에 깊숙이 관여하는 감각적 언어다. 경쟁이 치열한 환경일수록 시각적 일관성과 강력한 인상은 브랜드의 존재감을 더욱 뚜렷하게 만든다. 사람은 텍스트보다 이미지를 더 빠르고 강렬하게 인지하며 이렇게 형성된 인상은 감정과 기억을 즉시 자극한다. 중요한 것은 화려함이 아니라 브랜드 본질과 태도를 명확하게 전달하는 직관적 언어다. 이럴 때 소비자의 마음속에 깊고 선명한 인상이 남게 된다.

시각 언어로 말하는 브랜드 아이덴티티

브랜드 아이덴티티는 브랜드가 외부와 어떻게 소통할지 정의하는 시각적 커뮤니케이션 체계이다. 브랜드의 철학, 포지셔닝, 가치, 태도를 하나의 통합된 세계관으로 시각적으로 표현하는 방식이다. 이 체계를 이루는 주요 요소들은 다음과 같은 역할을 한다.

로고 Logo 는 브랜드 철학의 시각적 압축

로고는 브랜드 철학과 포지셔닝을 압축적으로 표현하는 시각적 상징 Signifier 으로 형태에 따라 다음 다섯 가지로 구분된다.

구분	내용	특징	예시
워드마크 Wordmark	브랜드명을 글자 그대로 디자인한 형태	글자 자체가 아이덴티티	Google, Coca-Cola, 삼성 Samsung
레터마크 Lettermark	이니셜만으로 만든 심플한 형태	이름이 길거나 복잡할 때 사용	IBM, CNN, LG
심볼 또는 아이콘 Symbol, Icon	글자 없이 상징적인 그림이나 기호로 표현	브랜드를 그림으로 인식하게 함	Apple의 사과, Nike의 스우시
콤비네이션 마크 Combination Mark	워드마크나 레터마크와 심볼의 조합	둘 다 쓸 수 있어서 유연함	Adidas, 현대자동차
엠블럼 Emblem	글자와 이미지를 하나로 통합한 배지 형태	전통적이고 견고한 느낌	Starbucks, Harley_Davidson

브랜드의 핵심 메시지를 요약해 소비자의 인식을 이끄는 중심축 역할을 한다. 로고는 브랜드를 처음 인식시키고 기억 속에 각인시키는 가장 직접적인 도구다.

컬러 Color : 감정을 자극하는 브랜드의 언어

컬러는 브랜드가 감정적으로 소비자와 연결되는 가장 강력한 시각 언어다. 색상은 브랜드의 분위기, 가치, 태도를 직관적으로 전달하며 고객의 기억과 감정에 깊게 작용한다. 주조색 Primary Color 은 브랜드를 대표하는 핵심 색상이며, 보조색 Secondary Color 은 주조색을 보완해 디자인의 폭과 조화를 확장한다. 악센트 색상 Accent Color 은 특정 메시지나 행동을 강조할 때 사용되어 시선을 유도하고 브랜드 경험에 리듬감을 부여한다. 컬러는 주조색과 보조색, 악센트 색상의 비율을 어떻게 적용하느냐에 따라 브랜드의 정체성과 감정적 경험을 더욱 섬세하게 설계할 수 있다.

그래픽 요소 Graphic Elements : 브랜드 개성을 표현하는 시각적 언어

그래픽 요소는 로고나 컬러 외에 브랜드 세계관을 구체화하고 확장하는 시각적 장치다. 패턴, 아이콘 시스템, 타이포그래피 스타일, 그래픽 심볼, 라인과 모양 등이 이에 해당한다. 이들은 브랜드의 성격 Personality 과 기능 Utility 을 자연스럽게 드러내며, 정보와 감성 표현을 동시에 담아낸다. 그래픽 요소는 매장, 패키지, 디지털 콘텐츠 등 다양한 접점에서 사용되며 브랜드와 소비자 간의 일관된 커뮤니케이션 흐름을 만든다. 로고와 컬러가 브랜드의 정체성을 설정한다면 그래픽 요소는 그 정체성을 구체적이고 풍성하게 확장하는 역할을 한다.

브랜드 아이덴티티, 첫인상이 성공을 좌우한다

시각적 아이덴티티는 브랜드를 가장 먼저 전달하는 언어다. 로고와 컬러, 그래픽에 브랜드 철학과 태도를 담아 소비자에게 직관적이고 명확한 인상을 남긴다. 잘 설계된 시각 언어는 소비자와 신뢰의 감정을 쌓아가며 기억 속에 브랜드를 하나의 명확한 세계로 자리 잡게 한다.

브랜드 아이덴티티의 전략적 가치는 다음과 같은 형태로 나타난다.

- **인지도 향상**: 명확하고 통일된 디자인은 소비자에게 쉽게 인지되고 강하게 각인된다.
- **경쟁력 강화**: 차별화된 시각 언어는 경쟁 브랜드와 구별되는 독보적인 존재감을 만든다.
- **브랜드 충성도 구축**: 일관된 시각 표현은 소비자에게 신뢰를 형성하고, 긍정적 감정과 지속적인 관계를 축적한다.

시각적 아이덴티티의 효과를 극대화하려면 브랜드가 전달할 메시지를 명확히 정의하고, 고객의 감성과 선호를 면밀히 분석하여 가장

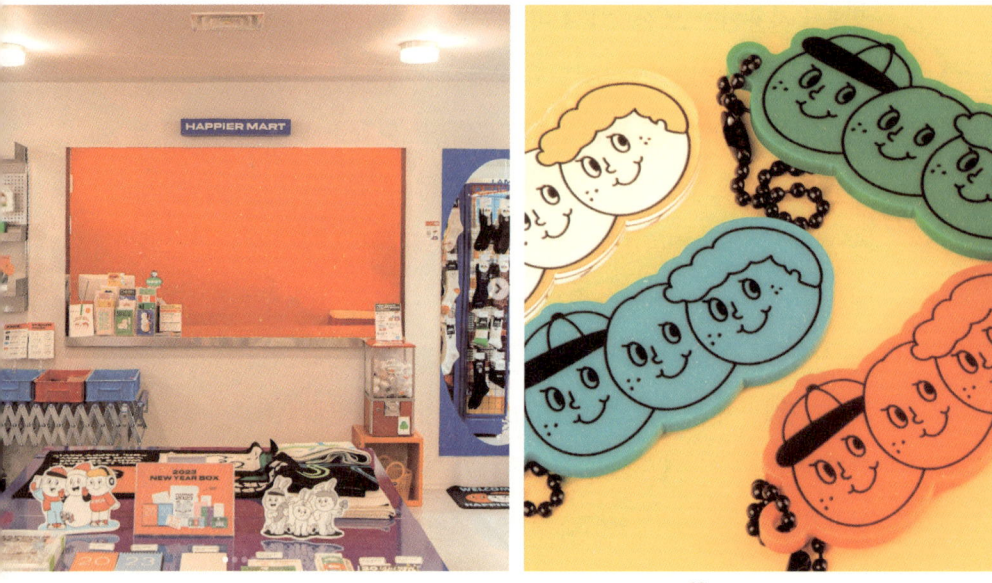

밝고 유쾌한 일상의 감성을 시각 언어로 풀어낸 라이프 스타일 브랜드[22]

적합한 시각 요소를 설계해야 한다. '보이는 것'이 브랜드 경험 전체의 시작점이며 이 첫인상이 브랜드 전체의 성공을 좌우한다. 결국 브랜드 본질을 시각적으로 전달하는 가장 근본적인 언어다.

오롤리데이는 '일상 속 작은 행복'이라는 브랜드 철학을 시각적으로 구현한 생활용품 브랜드다. 독특한 캐릭터 얼굴을 그래픽 요소로

출처: https://www.oh-lolly-day.com/

활용해 모든 접점에서 일관된 시각 언어를 유지하며 소비자에게 즐거운 브랜드 경험을 전달하고 있다.

슈퍼말차는 전통적인 소재인 말차를 현대적으로 재해석하며 고유한 시각 전략을 통해 차별화된 브랜드 경험을 만든다. 진한 말차 그린을 주색으로 화이트와 블랙의 보조색을 더한 컬러 시스템은 패키지, 매장 인테리어, 메뉴판 등 모든 접점에서 일관되게 적용하고 있다.

브랜드 아이덴티티의 핵심은 모든 접점에서 일관된 시각 언어로 소비자에게 말을 거는 데 있다. 로고, 컬러, 그래픽 요소가 하나의 방향으로 통합되어 작동할 때 브랜드는 명확한 메시지를 전달하고 소비자 안에 신뢰와 기억을 심어준다.

시각 요소별 역할은 다음과 같다.

- **패키지**: 브랜드 철학을 담아 고객과 만나는 첫 번째 접점
- **POP**: 매장 내 고객 행동을 유도하고 브랜드 스토리를 즉각적으로 전달
- **굿즈**: 실용성과 디자인을 결합해 브랜드 세계관을 일상으로 확장하는 매개체

원 컬러 브랜딩의 강력함[23]

23   출처: https://supermatcha.com/

패키지, POP, 굿즈로 구현하는 브랜드 세계관

현대 브랜드들은 제품의 특징뿐만 아니라 이를 둘러싼 시각적 요소를 통해 브랜드 세계관을 차별화하고 있다. 특히 패키지Package, POPPoint of Purchase, 굿즈Goods는 이러한 세계관을 구체적이고 시각적으로 전달하는 핵심 도구로 작동한다.

브랜드 세계관을 전달하는 시각 요소의 종류

구분	종류	특징 및 설명
패키지 (제품)	포장지 Wrapping Paper	브랜드 색상과 패턴을 반영하여 선물 및 제품 보호 기능
	쇼핑백 Shopping Bag	이동 시 자연스럽게 브랜드를 노출, 재질과 디자인으로 이미지 강화
	박스 Box	제품 보호 및 언박싱 경험을 통한 브랜드 스토리 전달
	스티커/라벨 Sticker/Label	제품 정보 제공과 감성 포인트 강화
	리필 패키지 Refill Package	친환경 브랜드 가치를 강조하는 지속가능한 패키징
POP	탁상형 POP Table Top	계산대, 테이블 위 소형 안내용 POP
	배너 Banner	매장 입구나 벽면에 설치해 시즌 메시지 전달
	플로어 스탠드 Floor Sign Stand	독립형 구조물로 신제품, 프로모션 강조
	벽걸이형 POP Wall	벽면에 브랜드 스토리를 자연스럽게 노출
	선반 디스플레이 Shelf Display	진열대에서 구매를 자연스럽게 유도
굿즈	텀블, 에코백 노트/펜, 키링, 의류/가방	실용성과 감성을 결합해 브랜드 세계관을 일상에 확장

대표적으로 친환경 소재와 미니멀리즘을 강조하는 무지MUJI와 즐거운 경험을 강조하는 맥도날드McDonald's가 이 전략을 성공적으로 구현한 대표 사례로 꼽힌다.

시각 요소가 브랜드 세계관을 구현하는 전략

첫째, 패키지 전략은 브랜드 세계관을 압축해 전달한다

- **브랜드 철학 시각화**: 재질, 색상, 그래픽에 브랜드 가치(예: 친환경, 럭셔리 등)를 반영한다.
- **비주얼 아이덴티티 통일**: 제품군 전체에 일관된 스타일을 적용해 하나의 세계관을 전달한다.
- **스토리텔링 요소 추가**: 포장에 짧은 문구나 일러스트를 활용해 브랜드 이야기를 전한다.

둘째, POP 전략은 세계관을 직접 체험하게 한다

- **세계관 테마 반영**: 디스플레이, 배너, 스탠드에 브랜드 스토리 테마를 반영한다.
- **고객 동선에 전략적 설계**: 고객 시선이 오래 머무는 위치에 POP를 배치해 몰입도를 높인다.
- **감정적 반응 유도**: 신제품, 시즌 캠페인 테마와 연계해 공감과 반응을 끌어낸다.

셋째, 굿즈 전략은 브랜드 세계관을 고객 일상 속으로 확장한다

- **세계관 체험형 굿즈 제공**: 브랜드 철학을 담은 제품을 개발한다.
- **감성+실용성 결합**: 일상에서 자연스럽게 사용할 수 있는 제품으로 브랜드를 체험하게 한다.
- **리미티드/콜라보 전략**: 한정판, 아티스트 협업을 통해 세계관의 확장과 소장 가치를 높인다.

브랜드 세계관을 직관적인 시각적 요소로 표현한 브랜드, 귤메달[24]

24 출처: https://design.co.kr/article/13323, https://gyulmedal.com/

최근 주목받는 브랜드 사례인 귤메달은 제주산 귤을 테마로 'Happy Moment'라는 소확행 세계관을 전개하는 프리미엄 식품 브랜드다. 패키지(귤색, 심플한 문구), POP(제주 감성 공간 연출), 굿즈(귤 티셔츠, 머그컵 등)를 통해 귤을 매개로 자연과 감성을 연결하며 다양한 상품과 경험으로 브랜드 세계관을 직관적으로 잘 나타내고 있다.

공간과 시각 요소의 연결, 브랜드 세계관 구축

시각 요소는 매장 공간과 어우러질 때 더욱 강력한 몰입감을 제공한다. 매장에 진열된 제품 패키지 디자인은 공간의 컬러나 형태와 일치시켜 브랜드의 정체성을 시각적으로 명확하게 표현한다. POP는 고객의 시선을 따라 브랜드의 메시지를 순차적으로 전달하며 굿즈는 매장 곳곳에 배치하여 브랜드 경험을 보다 풍성하게 만든다.

글로시에Glossier는 패키지 디자인에서는 부드러운 연핑크 컬러, 깔끔한 산세리프 로고, 투명감 있는 파우치 등 통일된 시각 요소로 미니멀하면서도 친근한 브랜드 정체성을 표현했다. POP 전략으로는 "당신이 주인공"과 같은 공감을 불러일으키는 메시지를 매장 곳곳에 배치해 고객과의 감성적 연결을 강화했다. 굿즈는 로고가 새겨진 다양한 아이템을 통해 브랜드 세계관을 일상으로 확장했다.

이러한 시각 요소들이 따뜻한 조명의 공간과 어우러져 글로시에만의 특별한 세계관을 완성했다.

브랜드와 공간 속에 시각 요소가 자연스럽게 어우러질 때 소비자는 브랜드를 만나는 모든 순간마다 하나의 세계관을 온전히 체험하게 된다. 이는 시각 요소를 통해 브랜드 세계관을 구현하고 공간과 시각 요소를 유기적으로 연결하는 전략의 결과다.

프로모션을 한눈에 전달하는 디자인 전략

요즘 거리를 걷다 보면 무심코 시선을 멈추게 되는 매장이 있다. 꼭 브랜드 인지도가 높거나 인테리어가 화려해서 그런 것은 아니다. 오히려 외부에서 강렬하게 던지는 시각적 메시지가 우리의 관심을 사로잡고 '들어가 볼까?'라는 선택을 자연스럽게 끌어낸다.

이러한 흐름 속에서 POP, 창문 스티커, 배너, 전단 같은 시각 장치는 매장의 존재감을 드러내고 고객의 발걸음을 끌어당기는 역할을 한다. 특히 '세일', '1+1', '한정 출시' 같은 즉각적인 프로모션 메시지는 검색보다 빠르게, 광고보다 명확하게 고객의 행동을 자극한다.

프로모션 디자인은 이처럼 순간의 선택을 끌어내기 위해 짧고 강렬한 커뮤니케이션을 완성하는 장치로 작동해야 한다.

프로모션의 성패는 '위치'로 결정된다

프로모션은 메시지 내용 자체보다 노출 위치와 맥락에 따라 효과가 크게 달라진다. 따라서 프로모션 설계 시 다음과 같은 전략적 위치 기준을 고려해야 한다.

- **외부 입구 윈도**: 고객의 첫 시선이 자연스럽게 닿는 공간으로 매장 방문 여부를 결정하는 중요한 지점이다. 이곳에는 가장 핵심적이고 명확한 프로모션 메시지를 배치하여 입장을 유도해야 한다. 특히 유리면 상단과 중앙부는 시선이 가장 먼저 머무는 곳으로 주요 메시지나 혜택 정보를 강조하기에 적합하다.
- **매장 입구 및 동선 초입**: 고객이 매장에 들어서거나 이동하는 중에 자연스럽게 멈출 수 있는 지점이다. 이 구간에는 세부적인 프로모션 정보나 추가 혜택을 설명하는 내용을 집중 배치하여 매장 내 체류 시간을 늘리고 구매 의사결정을 강화할 수 있다.
- **이동식 매대, 포스 주변**: 고객이 제품을 고르고 결제하는 과정에서 마지막 구매 결정이 이루어지는 장소다. 이 지점에서는 반복적인 노출을 통해 구매 직전 마지막 소비 자극을 제공하는 것이 중요하다.

효과적인 프로모션 디자인 전략은 각 지점의 특성과 고객 심리를 읽어내고 위치 전략까지 함께 고려하는 통합적 접근에서 시작된다. 고객의 흐름을 자연스럽게 끌어내는 힘은 결국 메시지와 비주얼이 '어디에', '어떻게' 배치되는지에 달려 있다.

전국 수백 개 매장을 운영하는 대형 리테일 브랜드는 공간 레이아웃과 연계해 프로모션 디자인 운영 전략이 매우 중요하다. 이때 필요한 것은 일관성, 실용성, 확장성을 모두 충족하는 시스템이다. 특히 대부분의 매장에서 프로모션 교체와 설치를 운영자가 직접 수행해야 하기 때문에 다음과 같은 디자인 기준이 필수적으로 요구된다.

- **모듈화된 사이즈**: 모든 매장에서 동일한 포맷 사용 ⇨ 시각 통일성 확보
- **교체의 용이성**: 누구나 쉽게 탈부착 가능한 구조 설계 ⇨ 현장 대응력 향상
- **비용 효율성**: 대량 제작과 반복 사용 가능한 소재·규격 활용 ⇨ 운영 비용 절감

이러한 시스템은 실무 정확성과 브랜드 일관성 그리고, 대규모 확장성을 동시에 충족시킨다.

브랜드는 매장의 규모와 콘셉트에 따라 정보 전달 중심의 운영형 매장과 경험 중심의 특화 매장으로 전략을 구분한다. 대표적인 사례로

대형 리테일 플랫폼의 세일 프로모션 디자인 전략

올리브영은 두 모델을 모두 운영하며 운영 목적에 따라 프로모션 시각 전략을 차별화하고 있다. 그중 일반 매장은 전국 단위 매장 운영과 현장 효율성을 최우선으로 고려한 구조로 설계된다.

일반 매장은 전국 단위 운영과 현장 효율성을 최우선으로 고려한 구조로 설계된다. 프로모션은 시각적 효과와 더불어 매장 운영자가 교체 가능하고 매장 전체에 동일하게 적용되는 효율성 중심이 중요하다.

- **외부 프로모션**: 유리 파사드에 규격화된 이미지 부착 ⇨ 월별 교체 운영
- **천장 행잉**: 고정형 구조물로 설계되어 실무자의 교체 편의성 확보
- **세일 시즌 전용 존**: 종이 박스 매대로 특가 상품을 외부에 배치해 즉시 유입 유도

내부 공간도 표준 집기(W700 벽장/W900 곤돌라)를 기반으로 구성되어 브랜드 간 차이를 줄이고 디스플레이 통일성을 유지한다.

- **벽장 상단**: 평상시 브랜드 로고 ⇨ 프로모션 시 조명형 메시지
- **곤돌라 앤드**: 월별 테마 제품 진열 + 확대 비주얼로 시선 집중
- **POP 구성**: 포스 후면 영상, 바닥 스티커, 입구 POP 등을 활용해 고객 동선 따라 반복 노출

효과적인 프로모션은 메시지 내용 자체도 중요하지만 무엇보다 '어디에, 어떻게' 보이느냐가 성패를 좌우한다. 고객의 시선을 끌고 즉각적인 반응을 끌어내기 위해서는 일관된 디자인 시스템과 전략적인 노출 위치가 반드시 필요하다.

특히, 대형 리테일 브랜드에서는 프로모션 자료가 자주 교체되고 변화될 수 있도록 모듈화된 시스템을 기반으로 유연하게 대응할 수 있어야 한다. 성공적인 전략은 일관된 노출이 가능한 구현 요소와 효율적인 디자인 시스템을 유기적으로 결합하는 데서 시작된다.

03

브랜드는 소통이다: 고객과의 연결 전략

많은 브랜드가 늘어나는 시장 속에서 이제 소비자는 더 넓은 선택지를 가진다. 그만큼 브랜드는 차별화된 가치를 제시하고 고객과 깊이 연결되기 위한 새로운 전략이 필요해졌다.

이 변화 속에서 브랜드와 고객의 소통 방식은 일방적으로 메시지를 전달하는 시대에서 이제는 고객과 관계를 맺고 함께 성장하는 방향으로 커뮤니케이션을 설계해야 한다.

효과적인 브랜드 소통은 세 가지 축을 중심으로 완성된다.

첫째, 광고와 PR, 프로모션이다

광고는 브랜드의 얼굴을 세상에 알리고 핵심 이미지를 빠르게 전달하는 역할을 한다. PR은 진정성 있는 스토리와 공감을 통해 소비자와 신뢰를 구축한다. 과거에는 일방적 메시지 전달에 집중했다면 이제는 "어떻게 생각해요?" "함께해볼까요?"처럼 대화형 소통으로 진화했다.

소비자와 감정적 교감을 주고받는 것이 자연스러운 흐름이 되었다. 프로모션은 브랜드와 소비자의 접점을 확장하고 콜라보레이션이나 제휴를 통해 새로운 경험과 가치를 제공하며 브랜드 스토리를 더욱 풍성하게 만든다.

둘째, 오프라인 공간을 통한 브랜드 세계관 체험이다

오프라인 매장은 VM과 자연 요소를 활용해 브랜드의 가치를 입체적이고 감각적으로 경험할 수 있는 공간으로 진화하고 있다. 특히 팝업스토어는 짧은 시간 동안 브랜드의 이야기를 응축해 보여주고 소비자가 직접 참여하고 체험할 수 있도록 설계된 감각적 무대로 방문자는 이 공간에서 몰입하고 체험하며 경험을 쌓는다.

이처럼 오프라인 공간은 고객이 브랜드 세계 안으로 자연스럽게 들어와 머물고 브랜드를 일상처럼 받아들이게 하는 장소로 기능한다.

셋째, 팬덤 기반 커뮤니티 구축이다

브랜드는 명확한 정체성을 설정하고 고객이 직접 참여할 수 있는 구조를 마련하여 브랜드 스토리를 공유하고 소속감을 심어야 한다. 팬들은 브랜드의 진정성을 민감하게 감지한다. 따라서 표면적인 이벤트가 아니라 일관되고 지속적인 경험 제공이 중요하다. 이러한 관계 속에서 고객은 브랜드의 소비자를 넘어 자발적 지지자가 되고 브랜드는 고객의 일상과 정서에 깊이 스며든다.

브랜드 소통은 광고와 PR로 이야기를 시작하고 오프라인 공간에서 오감을 통한 몰입을 제공하며 팬덤 커뮤니티를 통해 장기적인 관계를 이어가는 복합적인 전략이다. 좋은 브랜드는 제품 그 이상의 가치를 제공하며 사람들의 삶을 풍요롭게 하고 함께 성장하는 파트너가 된다.

광고, PR, 프로모션으로 브랜드를 넓히는 법

최근 주변의 수많은 브랜드를 살펴보면 흥미로운 변화가 감지된다. 제품을 많이 팔기 위한 전략보다 기존 제품에 담긴 가치를 새롭게 조명하고 그 의미를 확장하려는 브랜딩이 강화되고 있다. 마치 오래된 보석을 현대적인 감각으로 다시 세팅하듯 브랜드가 과거와 현재를 연결하며 새로운 경험의 장을 여는 방식이다.

소비자가 브랜드를 다시 바라보고 새로운 감정으로 교감할 수 있도록 이런 다채로운 브랜딩 여정에서 특히 세 가지 핵심 요소가 브랜드의 성장을 이끈다.

바로 광고Advertising, PRPublic Relations, 프로모션Promotion이다. 이들은 각자 고유한 매력과 기능으로 브랜드의 성장을 이끄는 삼총사와 같다. 광고가 브랜드의 얼굴을 세상에 알리며 인지도를 높인다면 PR은 브랜드의 진정성과 가치를 전하며 소비자와의 신뢰 관계를 구축한다. 여기에 프로모션은 소비자가 더욱 특별하게 브랜드를 즐길 수 있는 경험을 제공할 수 있다.

광고Advertising : 대중 인지도 확대와 브랜드 정체성 전달

광고는 브랜드의 핵심 이미지를 가장 널리, 그리고 가장 빠르게 전달할 수 있는 대표적인 소통 도구이다.

시몬스Simmons의 사례는 정말 인상적이었다. 그들의 광고에서는 정작 제품인 침대가 주인공이 아니었다. 대신 '당신이 꿈꾸는 삶의 방식'이라는 큰 그림을 제시하며 라이프스타일을 디자인하는 브랜드라는 정체성을 강조했다. 특히 침대가 없는 시몬스 매장의 파격적 시도가 소비자들의 호기심을 자극하고 SNS에서 자발적 공유가 이어지며 강력한 효과를 일으켰다.

제품을 내세우지 않고 일상의 감각으로 브랜드 정체성을 전하는 시몬스의 홍보 방식

PR Public Relations : 신뢰 형성을 통한 관계 구축

PR은 브랜드가 소비자와 신뢰를 쌓고 진정한 관계를 맺는 소통 방법이다. 광고가 '보여주는 것'이라면, PR은 '함께 만들어가는 것'에 가깝다. PR의 진정한 힘은 고객이 브랜드의 공동 창조자로 참여하며 신뢰를 바탕으로 지속 가능한 관계를 형성할 때 발휘된다.

그 대표적인 사례로 트레바리를 들 수 있다. 트레바리는 '읽고, 쓰고, 대화하고, 친해져요!'라는 슬로건처럼 지적 대화를 나누고 싶은 사람들이 자연스럽게 연결되는 커뮤니티 기반의 독서모임 플랫폼이다. 이곳에서는 독서를 매개로 함께 생각을 나누고 삶을 공유하는 문화적 연결이 이루어지며, 더 나아가 다양한 체험을 통해 사람들이 스스로 브랜드를 만들어가는 과정에 참여하게 된다. 이러한 구조 속에서 고객은 곧 콘텐츠가 되고 커뮤니티는 브랜드가 되며 신뢰를 바탕으로 한 진정한 관계가 형성된다.

프로모션 Promotion : 브랜드와 협업이나 제휴 마케팅

프로모션은 브랜드가 소비자와의 접점을 늘리고 구매를 촉진하기 위해 행동을 유도하는 전략이다. 요즘 시장에서 가장 두드러지는 것은 브랜드 간 협업과 제휴 마케팅이다. 특히 대기업과 중소기업, 스타트

커뮤니티 기반 독서 모임 플랫폼[25]

[25] 출처: https://trevari.co.kr/hello

제품의 강점을 살린 브랜드 콜라보레이션[26]

26 https://www.helinox.co.kr/board/board.html?code=helinox_image6&board_cate=&num1=999937&num2=00000&type=v&&s_id=&stext=&ssubject=&shname=&scontent=&sbrand=&sgid=&datekey=&branduid=&lock=N

업 간의 콜라보레이션은 현대 마케팅 생태계에서 주목할 만한 현상이다. 대기업은 신선한 아이디어와 트렌디한 감성을 얻고 중소기업은 인지도와 유통망을 확보하는 상호 보완적 관계가 형성된다.

광고, PR, 프로모션은 각각 다른 방식으로 소비자와 소통하지만 브랜드의 세계를 넓히고 깊게 만드는 것이라는 공통된 목표를 가지고 있다. 광고는 브랜드의 존재와 정체성을 빠르게 알리고, PR은 브랜드에 대한 신뢰와 감정적 유대를 형성하며, 프로모션은 새로운 경험을 통해 소비자와 브랜드를 연결되어 확장되고 있다.

오프라인 공간에서 경험하는 브랜드 세계관

디지털 환경이 일상화된 시대에도 오프라인 공간은 여전히 브랜드에게 특별한 기회의 장이 되고 있다. 제품을 온라인에서 손쉽게 탐색하고 구매할 수 있는 지금은 차별화되지 않은 오프라인 매장은 더 이상 설 자리를 찾기 어렵다. 이제는 오프라인만의 고유한 가치를 새롭게 정의해야 할 때다. 브랜드들은 오프라인 공간을 하나의 무대로 삼아 자신만의 세계관을 입체적으로 펼쳐 보이는 전략을 채택하고 있다. 소비자가 기꺼이 시간과 노력을 들여 찾아오게 만드는 힘, 그것이 바로 브랜드 세계관이 가진 차별화된 가치다.

이러한 흐름 속에서 오프라인 공간은 크게 두 가지 방향으로 진화하고 있다.

- **문화적 플랫폼**: 전시, 커뮤니티 등 다양한 문화 콘텐츠를 통해 브랜드의 연계 가치를 확장
- **체험 중심 공간**: 팝업스토어, 플래그십 스토어 등을 통해 감성적 경험을 제공

다양한 감각적 요소를 활용해 브랜드 세계관을 입체적으로 구현하고, 방문객의 몰입을 유도하는 핵심 역할을 하고 있다.

리스토어 Re-store: 오프라인 매장의 본질적 진화

디지털 시대와 팬데믹을 거치며 오프라인 매장은 '리스토어'라는 새로운 변화의 흐름을 맞이하고 있다. 판매 공간은 줄이고 자연 요소를 적극 도입해 고객의 체류 시간을 늘리며 브랜드 세계관을 오감으로 체험할 수 있는 공간으로 진화하고 있다.

최근에는 진열을 최소화하고 자연광과 수직 정원을 활용해 실내에서도 자연을 경험할 수 있도록 설계되었다. 고객은 오프라인 매장에서만 느낄 수 있는 휴식과 재충전의 시간을 누리며 브랜드의 철학과 감성을 자연스럽게 경험하게 된다.

리테일 테라피를 접목한 공간

팝업스토어: 체험 중심으로 확장

오프라인 공간의 역할이 근본적으로 달라지고 있다. 빠르게 변화하는 시장 속에서 브랜드는 더욱 유연하고 민첩한 방식으로 소비자와 만나기를 원한다. 그 흐름 한가운데 팝업스토어가 있다. 짧은 시간 동안 강렬한 인상을 남기고 브랜드와 소비자 사이에 감정적 연결을 만들어내는 전략적 무대로 성장했다. 2024년 기준 국내에 운영 중인 팝업스토어 수는 1,700개를 넘었다.

팝업스토어는 이제 브랜드의 세계관을 고객이 직접 경험하고 기억하게 하는 체험의 장으로 자리매김하고 있다. 디지털 화면에서 느낄 수 없는 감정과 정서를 공간에 구현하며 브랜드와 소비자의 관계를 한층 더 깊은 차원으로 이끌고 있다.

팝업스토어가 브랜드 세계관 전달에서 효과적인 이유는 다음 네 가지 특징 때문이다.

- **한정된 시간성**: '지금 여기서만 가능하다'라는 특별한 순간을 만들어 강한 희소성을 부여한다.
- **예상 밖의 경험**: 늘 방문하던 매장과 완전히 다른 신선한 자극을 통해 고객을 매료한다.
- **직접적인 참여와 상호작용**: 고객 스스로 브랜드를 체험하게 만드

는 환경을 설계한다.
- **스토리텔링 중심**: 제품 설명이 아닌 브랜드의 철학, 가치, 메시지를 공간 전체에 전달한다.

런던에서 열린 레고Lego 팝업스토어는 공동 세탁소를 창의성과 놀이로 가득 찬 거대한 놀이터로 재해석한 대표적 사례다. 이곳에서는 20만 개 이상의 레고 블록이 일상의 공간을 상상력 넘치는 세계로 탈바꿈했다. 방문객들은 손으로 블록을 쌓고 허물면서 놀이와 창의성이라는 레고의 핵심 가치를 몸과 마음으로 직접 경험했다. 짧지만 강렬했던 순간은 레고가 전하려는 브랜드의 정체성을 방문객의 기억 속 깊숙이 심어놓았다.

디지털 시대의 브랜드에게 오프라인 공간은 위기가 아니라 새로운 가능성을 펼치는 출발점이다. 브랜드가 공간 속에 자신만의 세계관을 설득력 있게 구현할수록 고객과의 연결 고리는 더욱 단단해진다. 특히 팝업스토어처럼 빠르고 유연한 전략은 한순간에 브랜드의 메시지와 철학을 고객에게 깊게 각인시킨다.

오프라인 공간은 이제 브랜드 철학과 가치를 눈으로 보고, 귀로 듣고, 손끝으로 느끼는 총체적 경험의 장이 되었다. 이러한 변화의 중심에는 리스토어라는 흐름이 있으며 브랜드 본연의 가치를 공간에 녹여내는 근본적인 접근 방식이 점차 확산하고 있다.

브랜드 팬덤, 1%가 99%를 움직인다

매년 아이폰 출시일이 되면 새벽부터 줄을 서는 사람들, BTS 콘서트 티케팅이 시작되면 수분 단위로 몰입하는 팬들의 긴장감이 온 세상에 퍼진다. 이들의 열정은 상품을 얻기 위한 목적만이 아닌 브랜드를 사랑하고 함께 호흡하는 열성적인 팬Fan이기 때문이다.

브랜드와 고객의 관계는 더 이상 판매자와 구매자에 머물지 않는다. 그 관계는 마치 스타와 팬처럼 깊은 감정적 연결을 중심으로 진화하고 이런 현상은 이제 모든 비즈니스 영역으로 확장되고 있다.

테슬라Tesla는 이러한 브랜드 팬덤 현상의 완벽한 사례. 출시 전부터 신모델에 수십만 명이 선주문 금액을 내고 테슬라 팬들의 커뮤니케이션 방식은 그 열정을 그대로 반영한다. 그들은 온라인 포럼과 소셜 미디어에서 자신의 테슬라 경험을 공유하고 차량 사진과 영상을 게시하며 정보를 교환한다. 테슬라 소유자 클럽과 지역 모임을 통해 오프라인에서 만나 함께 드라이브를 즐기기도 한다. 새로운 소프트웨어 업데이트가 출시되면 빠르게 정보를 공유하고 숨겨진 기능들을 함께 발견하는 즐거움을 나눈다.

팬덤Fandom은 지속적인 지지와 깊은 애정 위에 형성된 정서적 관계다. 브랜드 팬덤은 기능이나 성능보다도 감정적 가치와 사회적 의미를 중심으로 만들어진다. 이러한 이유로 팬들은 브랜드를 자신의 정체성 일부로 받아들이고 강한 소속감과 유대감을 느끼게 된다.

"1%의 팬이 99%를 움직인다"라는 말처럼 소수의 열성 팬이 만들어 내는 확산력과 충성도는 브랜드 전략의 핵심 동력이 되고 있다. 이들은 브랜드를 자발적으로 이야기하고 관련 콘텐츠를 창작하며 브랜드와 함께 성장하는 동반자가 된다.

온라인 참여형 팬덤: 고객 스스로 브랜드 세계에 참여

국내 스타트업 오늘의집OHOUSE은 고객이 직접 자신의 집을 꾸민 사진을 공유하도록 유도해 사용자 생성 콘텐츠UGC 기반의 커뮤니티를 구축했다. "우리 집을 자랑한다"라는 감정적 만족감을 중심에 두면서 고객 스스로 브랜드 세계 안에 참여하고 주인공이 되는 구조를 설계했다.

오늘의집은 공간 꾸미기를 개인적 표현과 관계를 맺는 경험으로 확장했다. 고객은 자신의 이야기를 만들고 공유하며 타인과 연결되는 과정을 통해 브랜드 세계관 안에서 역할과 존재감을 키워나간다. 이 흐름 속에서 오늘의집은 고객을 브랜드와 함께 성장하는 열성적 지지자로 이끌었다.

고객이 직접 꾸민 공간을 공유하며, 브랜드 세계관에 참여하는 온라인 팬덤 형태[27]

오프라인 체험형 팬덤: 고객과의 정서적 연결을 강조

룰루레몬 시카고 매장을 방문한 적이 있다. 브랜드를 좋아하기도 했지만 무엇보다 2층 요가 스튜디오, 피트니스 공간, 카페, 리테일 존이 통합된 체험형 매장이 궁금했기 때문이다. 이곳에서는 운동, 커뮤니티 활동, 쇼핑을 한 공간 안에서 모두 경험할 수 있었다.

특히 인상 깊었던 점은 매장 직원들이 요가 앰버서더로서 브랜드의 가치와 문화를 몸소 체화하고 있었다는 점이다. 그들은 제품 판매

출처: https://www.bucketplace.com/post/

와 함께 브랜드의 긍정적 이미지를 홍보하여 고객과의 정서적 연결을 추구한다.

이러한 경험은 제품만을 판매하는 브랜드가 아닌, 라이프스타일 브랜드로 인식하게 만들었다. 체험 공간을 통해 커뮤니티 중심의 브랜드 메시지가 자연스럽게 전달되며 고객 경험과 브랜드에 대한 감정적 연결이 더욱 강화되었다.

우리는 같은 가치를 공유한다

여러 브랜드 팬덤 사례를 분석하며 도출한 커뮤니케이션 원칙은 다음과 같다.

- **정체성을 분명히 설정**: 팬이 무엇을 위해 모이는지 명확히 보여 줘야 한다. 브랜드가 제시하는 가치나 비전이 분명할 때 고객은 브랜드의 일원이 될 수 있다.
- **참여할 수 있는 구조**: 팬들이 브랜드 세계관 안에서 자신의 역할을 느끼게 해야 한다. 경험상 이 참여의 순간이 평범한 고객을 열성 팬으로 전환하는 결정적 계기가 된다.
- **스토리를 공유**: 팬이 브랜드 스토리의 일부가 될 수 있도록 지속적으로 소통해야 한다. 내가 만난 많은 브랜드 팬은 해당 브랜드의 비전에 공감하며 팬이 되었다고 말한다.

- **소속감을 강화**: "우리는 같은 가치를 공유한다"라는 감정을 강화해야 팬덤이 깊어진다. 이것이 바로 브랜드가 제품 이상의 의미를 갖게 되는 지점이다.

진정한 팬덤 구축의 핵심은 일관성과 진정성에 있다. 트렌드에 흔들리기보다 브랜드 본질에 충실한 접근이 훨씬 강력한 팬덤을 만든다. 팬덤은 단기간에 만들어지지 않는다. 지속적이고 일관된 경험 제공을 통해 고객과 브랜드 간의 정서적 유대는 시간이 흐를수록 깊어진다. 이렇게 쌓인 연결은 정서적 참여와 경험을 바탕으로 장기적인 팬덤으로 이어진다.

04
디지털 시대, 브랜딩은 어떻게 바뀔까

오랜 공간 연구를 통해 깨달은 점은 디지털 시대의 브랜딩 변화는 트렌드만이 아니라 근본적인 패러다임의 전환이라는 사실이다. 과거 오프라인 매장은 소비자와 브랜드의 첫 만남이 이루어지는 장소였다. 당시 브랜딩 전략은 방문객 유입 극대화를 위해 동선 설계, 매장 배치, 입구의 시인성 향상에 초점을 맞추었다.

하지만 이제 소비자와 브랜드의 첫 접점은 인터넷 검색창과 스마트폰 화면으로 이동했다. 나 역시 공간 기획을 할 때 가장 먼저 던지는 질문이 바뀌었다. "이 매장을 찾기 전에 소비자는 어떤 키워드를 검색했을까?" 이제 '테스트해보기 좋은 공간', '휴식이 가능한 환경'처럼 오프라인 공간도 디지털 맥락 속에서 재정의된다. 검색과 알고리즘을 이해는 마케터뿐만 아니라 운영자, 디자이너에게도 필수적인 역량이 되었다.

특히 소비자의 탐색 경로는 완전히 달라졌다. 인스타그램에서 브랜드를 발견하고 유튜브에서 후기를 살펴본 뒤 구글맵으로 위치를 확인해 매장을 방문하는 여정이 일반화됐다. 오프라인 매장은 이 디지털 여정의 연장선이며 온·오프라인 사이의 경험의 일관성이 이제 브랜드에 대한 신뢰를 결정한다.

또한, 현장 경험에 의해 중요한 변화는 플랫폼별로 브랜드 인식이 달라진다는 점이다. 예를 들어, 쿠팡은 효율성과 신속함을, 마켓컬리는 선별된 큐레이션과 스토리텔링을 강조한다. 브랜드 가치는 플랫폼의 특성에 따라 다르게 해석되며 이러한 맥락적 차이를 이해하지 못하면 어느 채널에서도 신뢰를 얻기 어렵다.

브랜드의 본질적 가치는 공유된 경험에서 비롯된다. 그러나 개인화된 디지털 소비 패턴이 보편화된 시대에는 맞춤형 경험과 공통 경험 사이의 균형점을 찾는 것이 관건이다.

특히 주목할 만한 발견은 오프라인 매장이 디지털 인터페이스, 색채, 조명, 진열 방식에서 통일성을 확보할 때 브랜드 경험의 강도가 상승하게 된다는 사실이다. 인스타그램 트렌드를 실시간으로 매장 디스플레이에 반영하는 시도는 오프라인 VM도 디지털 환경과 끊임없이 교류해야 함을 보여준다.

앞으로의 브랜드는 디지털에서 시작된 고객 여정을 자연스럽게 이어받아 온라인에서 경험할 수 없는 물리적 체험의 가치를 극대화하는 방향으로 발전할 것이다. 이는 브랜드가 소비자와 더 깊은 유대를 형성할 새로운 가능성의 영역이다.

온·오프라인 융합의 확장은 브랜드에 새로운 도전 과제를 제시한다. 각 플랫폼의 특성에 맞게 브랜딩을 유연하게 강화하면서도 검색창이든 매장이든 메타버스든 모든 접점에서 진정성 있는 관계를 만드는 브랜드만이 장기적으로 생존할 수 있다. 지금은 디지털 시대에 걸맞은 혁신적 브랜딩 전략을 고민하고 설계해야 할 때다.

발견되는 브랜드:
검색과 알고리즘 중심의 브랜드 노출 전략

불과 몇 년 전까지만 해도 소비자는 오프라인 매장을 직접 방문해 제품을 눈으로 확인하고 손으로 만져보며 브랜드를 인식했다. 지역의 유명한 음식점은 줄을 서서 기다려야 했다. 그러나 이제는 인터넷과 디지털화로 소비자들의 구매 방식이 완전히 바뀌었다.

언제 어디서든 스마트폰 몇 번의 터치만으로 가격, 디자인, 성능을 손쉽게 비교하며 원하는 브랜드를 만날 수 있게 되었다.

이 변화의 중심은 검색 엔진과 소셜 미디어 알고리즘이다. 소비자는 능동적 검색을 통해 필요한 정보를 탐색하고 알고리즘이 제안하는 콘텐츠를 통해 새로운 브랜드를 만난다. 브랜드의 생존 방식도 근본적으로 달라졌다. 화려한 오프라인 매장 인테리어만으로는 경쟁력을 확보할 수 없게 됐다. 따라서 디지털 환경에서는 소비자가 찾아오는 브랜드가 아니라 발견되는 브랜드로 전환해야 한다.

글로벌 시장조사 기관의 전망에 따르면 2030년까지 전 세계 이커머스E-commerce 시장 규모는 현재보다 70% 이상 성장할 것이라고 발표했다.[28] 이는 디지털 환경의 급속한 확장 속도를 보여준다.

이러한 흐름을 선도하는 사례로 아마존Amazon은 최근 생성형 AI 기반 검색 시스템을 도입했다. '운동화'라는 키워드가 아닌 "러닝하기 좋은 가벼운 운동화를 추천해줘"와 같은 자연어 요청에도 소비자의 필요에 맞는 제품을 정확히 찾아주는 방식으로 진화하고 있다. 매장의 친절한 판매원이 고객과 대화하며 최적의 상품을 제안하듯 AI가 디지털 공간에서 그 역할을 대신하는 시대가 열린 것이다.

28 출처: https://www.businessresearchinsights.com/ko/market-reports/e-commerce-market-102887

또한, ChatGPT와 같은 대화형 AI 도구의 등장으로 소비자는 전 세계 수많은 브랜드 중에서 자신에게 가장 적합한 제품을 더욱 효율적으로 비교하고 추천받을 수 있게 됐다. 이러한 기술 발전은 소비자가 정보를 탐색하고 상품을 선택하는 과정 자체를 변화시켰다.

그렇다면 브랜드는 이러한 변화에 어떻게 대응해야 할까? 답은 검색 최적화와 알고리즘의 전략적 활용이다. 브랜드는 이제 소비자의 검색 패턴과 AI 추천 시스템에 효과적으로 노출될 방안을 모색해야 한다.

검색 최적화SEO의 마법: 상위 노출 전략

검색 최적화Search Engine Optimization, SEO는 구글이나 네이버 같은 검색 엔진에서 브랜드나 콘텐츠가 상위에 노출되도록 웹사이트를 설계하는 전략이다. 검색 결과에서 브랜드 가시성을 높이기 위한 두 가지 주요 접근법이 있다.

첫째, 유료 노출 방식

키워드 광고나 파워링크처럼 광고비를 지불해 상단 위치를 확보하는 전략으로 즉각적인 가시성을 얻을 수 있다. 다만 지속적인 비용 투자가 필요하다는 점이 부담이 따른다.

둘째, 신뢰 기반 노출 방식

리뷰, 평점, 판매량 등 실제 사용자 데이터를 기반으로 알고리즘이 자연스럽게 상위 노출을 결정한다. 이는 장기적으로 더 가치 있는 접근법으로 브랜드의 진정성이 소비자에게 직접 전달되는 효과를 낸다.

현장에서 경험해본 바로는 초기에는 유료 노출로 브랜드 인지도를 빠르게 구축한 후 점차 신뢰 기반 노출로 전환하는 복합 전략이 가장 효과적이었다. 이는 빠른 주목도와 지속 가능한 신뢰를 균형 있게 확보하는 방식이다.

효과적인 검색 최적화 전략의 핵심은 소비자가 실제로 사용하는 검색어에 초점을 맞추는 것이다. '성수 핫플', '비건 디저트'와 같이 구체적이고 현실적인 키워드가 실질적인 효과를 가져온다. 구글 키워드 플래너나 네이버 검색어 트렌드를 활용해 인기 키워드와 틈새 키워드를 파악하고 이를 여러 채널에서 일관되게 활용해야 한다. 특히 '어떻게'나 '최고' 같은 실용적이고 비교 중심의 콘텐츠는 검색 엔진에서 높은 순위를 확보하는 탁월한 효과를 보인다.

알고리즘Algorithm의 영향력과 활용: 목표 고객에게 자연스럽게 노출

알고리즘은 사용자의 검색 기록과 행동 패턴을 분석해 관련성 높은 콘텐츠를 제시하는 규칙 체계로 디지털 시대에 브랜드 성패의 결정적 요소가 되었다. 아마존의 경우 전체 매출의 약 35%가 알고리즘 기반 추천을 통해 발생한다는 사실이 이를 뒷받침한다.

알고리즘의 강점은 소비자가 직접 검색하지 않아도 취향과 행동 패턴에 따라 적합한 제품을 선제적으로 제안한다는 점이다. 이는 브랜드가 적극적인 마케팅 없이도 목표 고객에게 자연스럽게 노출될 기회를 제공한다.

알고리즘을 효과적으로 활용하려면 각 플랫폼의 고유한 작동 방식을 파악하는 것이 중요하다.

인스타그램에서는 '#오늘의커피', '#홈카페스타일' 같은 해시태그를 전략적으로 사용하고, 여러 이미지를 한 번에 볼 수 있는 캐러셀 포스트Carousel Post[29]와 같이 저장 횟수를 높이는 포맷을 활용해야 한다. 댓글, 공유, 저장 등 사용자 참여를 유도하면 알고리즘이 해당 콘텐츠를 더 넓은 대상에게 확산시키는 데 유리하다.

---

29 인스타그램에서 한 게시물에 여러 장의 사진이나 영상을 슬라이드 형식으로 올릴 수 있는 기능이다. 사용자는 화면을 좌우로 스와이프하여 게시물에 포함된 여러 콘텐츠를 차례대로 볼 수 있다. 이 형식은 여러 이미지를 한 번에 공유할 수 있어 제품의 다양한 각도나 사용 방법, 비포&에프터 같은 비교 콘텐츠, 스토리텔링 등을 효과적으로 보여줄 수 있다. 캐러셀 포스트는 일반적으로 단일 이미지보다 사용자 참여도가 높고 저장 횟수도 많아 알고리즘 노출에 유리한 형태로 알려져 있다.

국내 사례로 배달의민족은 '배민 리뷰' 시스템을 통해 사용자 생성 콘텐츠UGC를 활성화하고, 이를 알고리즘 기반 추천에 연계하여 자연스러운 노출과 신뢰 구축을 동시에 달성했다.

이처럼 디지털 시대의 브랜딩은 '보여주는 브랜드'에서 '발견되는 브랜드'로 전환되고 있다. 검색 엔진, 소셜미디어, 심지어 오프라인 공간까지 모든 접점에서 이제 알고리즘은 친화적으로 설계되어야 한다. 소비자가 능동적으로 찾고 선택할 수 있는 환경을 구축하는 것이 디지털 시대 브랜드 성공의 필수 요소다.

브랜드는 이제 상품이나 서비스만 좋은 것이 아닌 콘텐츠이자 미디어로서 검색과 알고리즘의 생태계 속에서 전략적 입지를 확보해야 한다.

콘텐츠는 맞춤형으로, 플랫폼은 전략적으로

디지털 기술이 일상에 깊숙이 자리 잡으면서 소비자의 정보 탐색과 제품 선택 방식에도 커다란 변화가 일어났다. 가격만 비교하는 시대에서 소비자는 후기, 디자인, 브랜드 철학까지 다양한 요소를 종합적으로 고려해 구매를 결정한다. 이러한 복잡한 의사 결정 환경에서 브랜드가 주목해야 할 핵심은 '맞춤형 콘텐츠'와 '전략적 플랫폼 선택'이다.

맞춤형 콘텐츠는 개인의 특성과 선호도를 반영해 소비자와 정서적 연결 고리를 만드는 수단이다. 전략적 플랫폼 선택은 브랜드 목표와 타깃층의 활동 패턴을 고려해 최적의 채널을 활용하는 접근법이다. 현장에서 경험한 바로는 이 두 요소는 분리된 전략이 아니라 하나의 유기적 시스템으로 작동해야 한다. '무엇을 말할 것인가'와 '어디서, 어떻게 말할 것인가'를 통합적으로 설계할 때 비로소 브랜드 메시지가 소비자 마음속에 각인된다.

뛰어난 내용도 잘못된 채널에 배치되면 가치를 발휘할 수 없다. 반대로 적절한 플랫폼을 선택했더라도 개인화되지 않은 콘텐츠는 소비자의 관심을 끌지 못한다. 결국 브랜딩의 성패는 이 두 축을 얼마나 정교하게 조합하느냐에 달려 있다.

개인화 콘텐츠, 차별화된 플랫폼 전략

시장의 경쟁 브랜드들은 유사한 전략을 사용하더라도 고유한 색으로 차별화한다. 대표적인 사례인 쿠팡과 마켓컬리를 살펴보자. 직접 사용해본 결과 두 플랫폼 모두 맞춤형 콘텐츠를 활용하지만 접근 방식과 타깃층이 확연히 다르다.

마켓컬리는 원산지, 생산과정, 브랜드 철학을 강조하는 감성적 스토리텔링으로 건강과 프리미엄 가치를 중시하는 소비자층을 공략한다. 마켓컬리의 진정한 경쟁력은 '가치 소비'를 추구하는 현대인의 심

구분	마켓컬리	쿠팡
플랫폼 전략	감성과 가치 중심	실용성과 효율성 중심
콘텐츠	원산지, 생산과정, 브랜드 철학 강조	구매패턴 분석, 연관상품 추천
타깃	건강·뷰티 관심 소비자	실용적 소비자

리를 정확히 포착한 점이다. 반면 쿠팡은 신속한 배송, 구매 편의성, 실용성에 중점을 두고 데이터 기반 개인화 추천 시스템으로 효율성을 중시하는 소비자에게 어필한다.

라이프스타일 브랜드들도 맞춤형 전략을 효과적으로 운영한다.

헤이데이무드는 자연에서 영감을 받은 고급 타월 브랜드로 미니멀하고 자연 친화적인 라이프 스타일을 추구하는 이들에게 스토리 중심의 감성적 콘텐츠를 선보인다. 자사 몰을 기반으로 하면서도 29CM, 무신사 입점, 텀블벅 펀딩, 다양한 브랜드 협업을 통해 접점을 확장하며 감성적 소비자와 자연스럽게 연결된다.

헬리녹스는 아웃도어 가구 브랜드로 도시 생활 속에서도 자연을 즐기려는 밀레니얼 세대를 겨냥해 제품의 경량성과 세련된 디자인을 강조한다. 도심 피크닉, 홈캠핑 등 현대인의 라이프스타일에 어울리는 콘텐츠를 제공하며 글로벌 공식몰, REI(아웃 도어 협동조합인 대형 플랫폼), 무신사 입점, 오프라인 팝업스토어를 통해 소비자의 직접 체험 기회를 확대한다.

두 브랜드 모두 고유한 스토리와 라이프스타일 제안하는 콘텐츠를 강화하고 타깃 소비자에 맞춰 여러 플랫폼을 전략적으로 활용하는 스마트한 접근법을 취한다. 이는 콘텐츠와 플랫폼 전략의 차별화가 브랜드 성공에 얼마나 중요한지를 보여준다.

효과적인 콘텐츠와 플랫폼 전략 실행 가이드

디지털 시대의 브랜드 성공은 무엇을 말할 것인가(콘텐츠)와 어디서, 어떻게 말할 것인가(플랫폼)를 통합적으로 연결하는 전략에 달려 있다. 다음 다섯 가지 핵심 요소는 소비자와 진정한 연결을 이루기 위한 실행 가이드다.

첫째, 소비자 니즈를 정확히 파악하는 것이 출발점이다
구글 애널리틱스와 같은 분석 도구를 활용해 사이트 유입 검색어를 파악하고, 경쟁사의 제품 리뷰를 분석해 소비자 불만이나 만족 포인트를 비교함으로써 차별화 방향을 도출할 수 있다.

둘째, 스토리 중심의 콘텐츠 설계가 중요하다

제품 기능의 나열보다 소비자의 삶에 어떤 변화와 가치를 주는지에 집중해야 한다. 제품이 탄생하게 된 배경, 제작자의 철학, 사용자 경험담 등 감성적 연결을 유도하는 이야기는 콘텐츠의 설득력을 높인다.

셋째, 전략적 플랫폼 선택이 실행의 효율성을 좌우한다

브랜드는 모든 채널에 분산되기보다 타깃 고객이 활발히 활동하는 2~3개의 핵심 플랫폼에 집중하는 것이 효과적이다. 각 플랫폼의 특성에 맞는 콘텐츠 유형도 함께 고려해야 한다. 예를 들어, 인스타그램은 이미지 중심 콘텐츠, 유튜브는 영상 기반 스토리텔링, 블로그는 정보 검색과 SEO에 최적화된 구조로 접근한다.

넷째, 일관된 브랜드 경험을 구축하는 것이 장기적인 신뢰 형성에 기여한다

모든 콘텐츠와 채널에서 로고, 색상, 서체, 커뮤니케이션 톤이 통일되어야 하며 온라인몰, SNS, 오프라인 매장 등 모든 접점에서 시각적·감성적 연속성을 유지해야 한다.

마지막으로 이러한 요소들이 유기적으로 연결될 때 비로소 콘텐츠와 플랫폼 전략이 효과를 발휘하게 된다. 각 요소가 개별적으로 운영되는 것이 아니라 브랜드 메시지를 중심으로 콘텐츠 제작과 플랫폼 운영이 함께 통합적으로 운영될 때 소비자에게는 더 몰입도 높은 브랜드 경험이 제공된다.

오프라인과 온라인을 연결하는 브랜딩 전략

소비자는 이제 시간과 장소에 구애받지 않고 자유롭게 브랜드를 체험한다. 스마트폰의 사용과 디지털 기술 발전이 진화하면서 온·오프라인을 넘나드는 소비 패턴이 보편화되었다. 매장에서 제품을 살펴보면서 동시에 모바일로 가격을 비교하거나 온라인에서 본 상품을 발견한 매장에서 확인하는 행동은 이미 익숙한 풍경이 되었다. 팬데믹은 이러한 변화를 가속했고 채널 간 경계를 허문 소비 방식으로 새로운 표준이 되었다.

이러한 변화는 브랜드의 전략적 변화를 이끌고 있다. 오프라인 중심 브랜드들은 디지털 역량을 강화하고 있으며 온라인 기반 브랜드들은 팝업스토어나 플래그십 매장을 통해 오프라인 진출을 확대하고 있다. 이러한 채널 확장은 판매 경로를 늘리는 것만이 아니라 고객과의 접점을 풍부하게 하고 일관된 브랜드 경험을 구축하는 필수 전략이다.
이를 효과적으로 지원하는 대표적인 전략이 옴니채널과 O2O이다.

옴니채널Omni-channel vs O2OOnline to Offline:
온라인의 확장성, 오프라인의 감각 체험을 결합

옴니채널 전략은 고객에게 모든 채널에서 일관된 경험을 제공하는 것을 목표로 한다. 온라인, 오프라인, 모바일 등 다양한 접점을 하나의 흐름으로 통합해 경계 없는 쇼핑 경험을 설계한다. 이 전략의 핵심은 통합된 고객 데이터를 기반으로 제품, 가격, 프로모션까지 동일한 기준을 유지하고 고객이 어떤 채널을 이용하더라도 자연스럽게 전환할 수 있도록 지원하는 데 있다. 패션, 가전제품, 대형 유통업처럼 채널 간 일관성과 통합이 중요한 산업에 적합하다.

반면, O2O 전략은 고객 여정을 온라인에서 시작해 오프라인으로 연결하는 방식이다. 예를 들어, 온라인에서 상품 정보를 탐색하거나 쿠폰을 받은 후 오프라인 매장에서 체험하고 구매하는 구조이다. 이 전략은 온라인의 편리함과 오프라인의 경험 요소를 결합해 고객을 오프라인으로 유도하거나 오프라인 방문 후 온라인 재구매로 이어지도록 설계된다. 각 채널에 고유한 역할을 부여하며 식음료, 가구, 뷰티처럼 체험 중심의 산업에 효과적이다.

사례 비교: 채널 전략을 구현한 브랜드

월마트Walmart는 최근 리브랜딩을 통해 옴니채널 전략을 잘 구현한 사례다. 오프라인 매장과 모바일 앱을 연계해 실내 내비게이션, 통합

월마트 리브랜딩을 통한 온오프라인 시각적 연계[30]

장바구니, 픽업 서비스 등 모든 접점에서 일관된 경험을 제공한다. 특히 VM을 통해 매장 진열과 디지털 콘텐츠의 시각적 요소를 통일하여 채널 간 경계를 자연스럽게 허물었다.

초기 O2O 전략을 대표하는 사례로는 스타벅스의 사이렌 오더가 있다. 모바일 앱에서 주문과 결제를 완료한 후 오프라인 매장에서 기다림 없이 음료를 픽업할 수 있는 서비스다. 이를 통해 온라인의 편리함과 오프라인 매장의 분위기를 동시에 경험할 수 있다.

30   출처: https://corporate.walmart.com/news/2025/01/13/walmart-introduces-updated-look-and-feel-a-testament-to-heritage-and-innovation

최근에는 O2O 전략이 더욱 다채롭게 진화하고 있다. 예를 들어, 커스텀 가구 브랜드 레어로우Rare Raw는 온라인 제품 탐색 → 오프라인 쇼룸 체험 → 매장 내 맞춤 설계 → 배송 및 설치로 이어지는 유기적이고 몰입감 있는 고객 여정을 설계했다. 이 브랜드의 오프라인 쇼룸은 '변형 가능한 모듈형 공간'으로 구성되어 고객이 온라인에서 본 제품을 실제로 경험하고 자신의 공간에 맞게 구성해볼 수 있도록 한다.

또한, 프로젝트 렌트Project Rent와 같은 플랫폼도 흥미롭다. 이는 비어 있는 오프라인 공간에 온라인 브랜드를 연결하여 팝업스토어를 열 수 있도록 돕는다. 이 플랫폼을 통해 브랜드는 물리적 공간에서 소비

디지털과 오프라인을 연결하는 플랫폼, 프로젝트 렌트[31]

31   출처: http://www.project-rent.com/29#lg=w20200821d48991f00d6e4&slide=0
http://www.project-rent.com/29#lg=w20200821d48991f00d6e4&slide=2

자와 직접 만나고 몰입감 있는 브랜드 경험을 제공하는 동시에 온·오프라인 데이터를 통합적으로 수집할 수 있다.

통합적 시각: 브랜드 전략의 선택 기준

두 전략 모두 온·오프라인을 연결하지만 옴니채널은 모든 채널의 통합 경험에 중점을 두는 반면, O2O는 채널 간 상호 전환 촉진에 초점을 맞춘다. 브랜드는 자사의 특성과 목표에 맞게 적합한 전략을 선택하거나 두 전략을 결합해 활용할 수 있다.

브랜드가 옴니채널과 O2O 전략 중 어떤 방식을 선택할지는 자사의 목표와 특성에 따라 다를 수 있다. 하지만 가장 중요한 것은 소비자들이 더 이상 단일 채널에서만 브랜드를 경험하지 않는다는 점이다. 온라인의 확장성과 오프라인의 감각적 체험을 결합해 고객 여정 전체를 아우르는 통합된 경험을 제공하는 것이 미래 브랜딩의 핵심이다.

온·오프라인 연결 브랜딩 전략 실무 팁

오프라인을 일관된 브랜드 경험으로 연결하기 위해서는 세 가지 핵심 전략이 필요하다.

비주얼 시스템 통일, 채널 간 연결 고려, 그리고 VM 전략 연계다. 먼저, **일관된 비주얼 시스템을 구축하는 것이 중요하다.** 온라인 사이트와 오프라인 매장의 **색상, 소재, 폰트**를 통일해 브랜드의 시각적 정체성을 일관되게 유지해야 한다. 또한, 시즌 캠페인이나 프로모션에서 사용하는 시각적 요소(이미지, 그래픽 등)도 모든 채널에서 동일하게 적용해 일관된 인상을 남긴다. 매장 디스플레이와 웹사이트 배너 등 고객이 접하는 **디자인 언어** 역시 통일하여 브랜드의 연속성을 강화할 수 있다.

다음으로 **채널 간 연결을 고려한 설계**가 필요하다.
제품에 QR코드를 부착해 온라인 정보나 리뷰로 연결하고, 온라인에서 인기를 얻은 상품은 매장 내 특별한 섹션에 구성해 고객이 즉시 확인할 수 있도록 한다. 또한, 온라인 한정 상품은 **매장 픽업 서비스와 연계**해 고객이 구매 편의성을 느끼도록 하고, 온라인 브랜드 스토리나 시즌 테마를 오프라인 매장 경험에도 자연스럽게 반영해야 한다.

마지막으로, **온라인 데이터를 활용한 VM 전략**이 효과적이다.
온라인 고객 행동 데이터를 분석해서 매장 내 제품 배치와 동선을 최적화하고 인기 상품을 **주요 진열 위치에 전략적으로 배치**함으로써 고객 반응을 극대화할 수 있다. 온라인과 오프라인에서 동일한 테마를 공유함으로써 고객은 브랜드의 흐름을 더 쉽게 인식하고 몰입할 수 있다.
이러한 전략을 통해 브랜드는 온·오프라인을 유기적으로 연결하여 소비자에게 매끄럽고 통합적인 브랜드 경험을 제공할 수 있다.

Epilogue

발걸음을 멈추게 만드는 매장에는 이유가 있다

모든 상품을 클릭 한 번으로 받아볼 수 있는 시대, 많은 브랜드는 오프라인 대신 온라인에 더 많은 투자를 기울이고 있다. 효율과 속도가 중요해질수록 오프라인 매장은 점점 설 자리를 잃어가는 듯 보인다.

 그러나 아이러니하게도 사람들은 지금도 여전히 '매장에서의 쇼핑'을 즐긴다. 화면 너머로는 닿을 수 없는 감각이 공간 안에 있기 때문이다. 이 시대의 매장은 상품을 진열하는 공간에서 한 걸음 더 나아가 브랜드의 감정을 전하고 고객의 기억을 설계하는 무대로 진화하고 있다.

 이 책은 바로 그런 오프라인의 가능성을 믿으며 시작되었다. 비주얼 머천다이징VM이 상품을 보기 좋게 전시하는 일이라고 오해하는 사람들이 많지만 그것은 리테일의 흐름과 고객의 니즈, 감정까지 담아내는 전략적 설계다. 브랜드의 메시지를 공간에 자연스럽게 녹여내고 고객이 스스로 머물며 반응하게 만드는 것, 그 흐름 전체가 비주얼 머천다이징의 본질이다.

 이 책에는 오랜 시간 현장에서 마주한 수많은 질문과 고민의 흔적이

담겨 있다. 창업 초기의 작고 깊은 고민부터 대형 매장 리뉴얼의 미묘한 차이, 고객의 감정을 움직이는 섬세한 디테일까지 다양한 사례를 통해 VM이 어떻게 작동하고 공간의 분위기를 바꾸는지 생생하게 전했다.

무엇보다 이 작업은 즐거웠다. 각자의 현장에서 쌓아온 경험과 언어를 하나로 엮으며 오프라인 공간의 진짜 힘이 무엇인지 다시금 서로에게 물어볼 수 있었다. 온라인이 지배하는 시대임에도 우리는 오히려 오프라인의 감각적 힘과 고객 경험의 가능성에 더욱 확신을 갖게 되었다.

'비밀'의 진짜 의미는 무엇일까?
《잘 팔리는 매장의 비밀》이라는 제목에 담긴 '비밀'은 특별한 기술이나 정해진 공식이 아니다. 다섯 명의 저자가 이 책에서 전하고자 하는 것은 매일 새롭게 배우고 고객의 마음을 읽어내려는 끊임없는 시도이며, 각자의 매장에서만 만들어낼 수 있는 고유한 전략이다.
"저희가 이야기하고 싶은 '비밀'은 단 하나의 정답이 아니라, 매장을 운영하며 마주한 수많은 질문 속에서 발견한 작지만 확실한 해답들입니다."

잘 된 배치는 공간을 대하는 태도

오랜 시간 비주얼 머천다이저로 일을 하면서 힘들지 않냐는 말을 많이도 들어왔다. 끝없이 변하는 브랜드 환경과 트렌드에 적용해 가는 것이 힘듦에도 불구하고 이 일이 할 만한 이유는 결과물이 주는 보람 때문이 아니었을까. 이 책의 제목대로 잘 팔리는 매장의 비밀을 알고 있으니 일은 참 즐거웠다.

비주얼 머천다이징은 디자인 감각과 센스로 이루어진다고 생각하는 사람들이 많은데 나는 공간을 대하는 태도가 가장 중요하다고 말한다. 공간의 목적과 사용성을 고려한 배치, 고객의 움직임에 대한 배려, 정성을 담은 공간이 전달하는 감성 등으로 공간과 소통하며 브랜드에 녹아들게 되는 것이다.

누구든 온몸의 감각과 마음을 다하여 이 책에 빠져든다면 스스로

가 놀랄 정도로 공간에 대한 안목이 생겨날 것이다. 더불어 잘 팔리는 매장을 위한 비밀을 발견하는 기쁨을 누리게 될 것을 기대한다.

색과 조명, 그 너머의 이야기

색은 브랜드의 첫인상이다. 매장이 색을 통해 어떻게 고객과 소통하고 일관된 이미지를 전달할 수 있는지 이 책에서 깊이 있게 다뤘다. 브랜드의 핵심 컬러가 갖는 의미를 명확히 짚으며 색이 정체성을 구체화하는 강력한 도구임을 강조했다.

상품 코디네이션에 어려움을 느끼는 이들을 위해 여섯 가지 컬러 조합 기법을 제시했다. 이를 통해 매장의 리듬감을 높이고 고객의 감성을 자연스럽게 자극할 수 있을 것이다. 그리고 그 모든 색의 완성은 결국 빛이다. 조명은 색을 선명하게 살리고 상품의 질감과 분위기를 깊이 있게 만든다. 컬러가 방향을 제시하면 조명은 매장의 감도를 결정한다. 이 둘이 어우러질 때 공간은 브랜드의 얼굴로 완성된다.

진열은 공간이 말하는 언어다

상품을 어떻게 보여줄지 고민한 흔적과 고객의 시선과 손길을 따라 설계된 디테일을 담았다. 수직과 수평, 섬과 계단식 진열까지 형태는 달라도 고객을 머무르게 하고 다시 시선을 돌리게 하려는 목적은 같다.

진열 방식은 바뀌어도 고객의 시선을 어떻게 이끌지는 결국 공간 설계의 본질이다. 예상 밖의 조합, 섬세하게 조율된 여백, 자연스러운 흐름은 모두 공간을 말하는 장치다. 마지막 터치인 소도구와 ISP는 진열의 감도를 조율하고 매장 전개의 인상을 정리하는 역할을 한다.

고객의 시선을 따라 매장을 걷는 이들이 많아질수록 그 공간은 오래 기억되는 매장이 된다.

기억에 남는 장면은 우연이 아니다

연출은 공간 안에서 브랜드의 이야기를 구성하고, 고객의 감각에 의미 있게 각인되도록 설계하는 전략적 행위다. 쇼윈도에서 시작되는 시선, 오브제가 만들어내는 리듬, 상품과 동선이 유기적으로 연결되는 구조는 모두 비주얼 머천다이징의 정교한 계획 아래 구성된다.

이 책은 감각적 장면 뒤에 숨겨진 원리와 브랜드 메시지를 공간에 녹여내는 실천적 내용들을 담고 있다. 고객이 머무르고 반응하며 기억하게 만드는 연출의 힘을 여러분의 현장에서 경험하길 바란다.

브랜딩은 감성을 설계하고, 디지털 전략은 경험을 확장한다

디지털 시대에도 사람들은 여전히 오프라인 매장을 찾는다. 공간이 주는 감각적 경험과 브랜드와의 진정한 교감은 디지털이 대신할 수 없는 특별한 가치이기 때문이다.

파사드와 시각적 아이덴티티는 브랜드의 첫인상을 결정하고 스토리텔링과 경험 설계는 고객과의 정서적 연결을 완성한다. 브랜딩은 결국 고객의 감성을 섬세하게 설계하는 일이며, 디지털 전략은 이 경험을 더 넓고 깊게 확장하는 방식이다. 그래픽과 패키지, 아주 작은 POP

까지 모든 요소는 브랜드의 세계관을 전달하는 언어가 된다. 기술이 아무리 발전하더라도 브랜드의 본질은 결국 사람의 마음을 움직이는 데 있다.

 기억에 남는 브랜드는 고객의 마음속에 깊은 감정을 남긴다. 브랜딩은 더 많이 보여주는 것이 아니라, 더 오래 남기는 것이다.

 《잘 팔리는 매장의 비밀》은 매장 운영의 현장에서 함께 써 내려간 책이다. 작은 가게부터 대형 매장 프로젝트, 모델하우스 디자인과 VM, 백화점 시즌 연출, 대형 마트 오픈 작업과 공공디자인까지 바쁜 일정 속에서도 즐거운 마음으로 이 작업을 이어갈 수 있었던 이유는 분명했다.

 고객과 브랜드를 연결하는 장면을 어떻게 설계하고, 그 안에 어떤 이야기를 담을지를 함께 고민한 시간. 그 소중한 기록을 누군가와 나누고 싶었기 때문이다. 모두가 쉽지 않은 시기를 지나고 있는 지금, 소상공인과 브랜드 운영자들에게 이렇게 묻고 싶다.

 "지금 당신의 매장은 고객에게 어떤 경험을 주고 있는가?"

이 책이 그 여정 속에서 당신만의 해답을 찾아가는 데 작은 힘이 되기를 바라며 이 글을 마친다.

사단법인 한국비주얼머천다이징연구회
대표이사 이동숙 외 4인(목경숙, 송은아, 문정원, 이민영)

잘 팔리는 매장의 비밀

초판 1쇄 인쇄 2025년 7월 28일
초판 1쇄 발행 2025년 8월 14일

기획	(사)한국VM연구회 대표이사 이동숙
지은이	목경숙, 이동숙, 송은아, 문정원, 이민영
펴낸이	임충진
펴낸곳	지음미디어
편집	정은아
디자인	김미령

출판등록	제2017-000196호
전화	070-8098-6197
팩스	0504-070-6845
이메일	ziummedia7@naver.com

ISBN 979-11-93780-18-3   03320
값 22,000원

• 잘못된 책은 바꿔드립니다.
• 이 책의 전부 또는 일부 내용을 재사용하려면 사전에 저작권자와 지음미디어의 동의를 받아야 합니다.